영어식 생각훈련 첫걸음 1

2판 1쇄 2014년 10월 15일

저 자	Mr. Sun
펴 낸 곳	OLD STAIRS
출판 등록	2008년1월10일 제313-2010-284호
주 소	서울시 마포구 서교동 464-7
이 메 일	oldstairs@daum.net

가 격 뒷면 표지 참조
ISBN 978-89-97221-24-0
ISBN 978-89-97221-23-3 (세트)

이 책의 전부 또는 일부를 재사용하려면 반드시 OLD STAIRS의 동의를 받아야 합니다.
잘못 만들어진 책은 구매하신 서점에서 교환하여 드립니다.

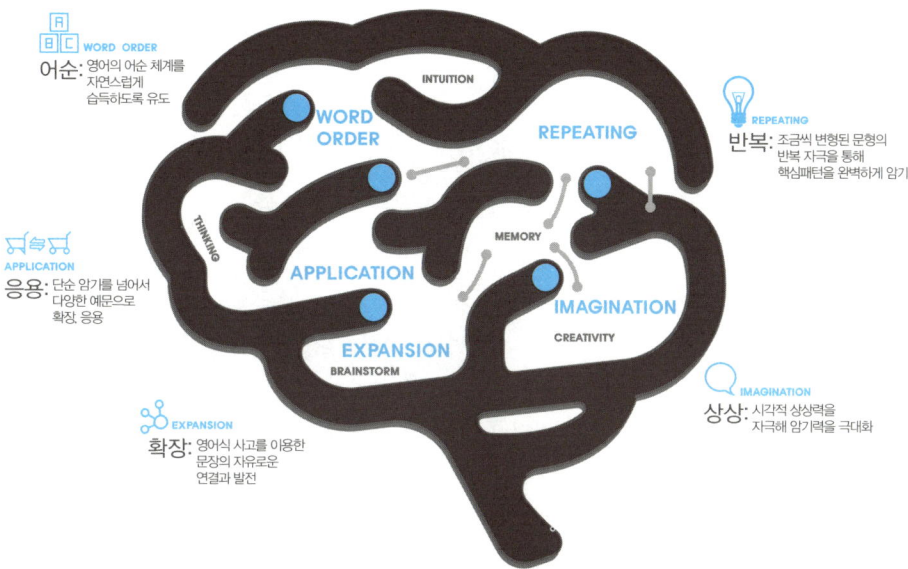

당신이 필요한 거의 모든 **어학강의**
mrsun.com

ID:카타르왕자
카타르에서도 출퇴근하면서 잘 듣고 있어요. MR.Sun의 경박함을 너무 좋아해요. 가끔은 부담스럽지만.

ID:박사장
86학번 아저씨입니다. 두분 덕분에 영어 공부 다시 시작하고 있습니다. 감사드립니다. 교재도 구입했습니다.

ID:민땡구리
나디아 쌤님 블로그도 잘 보고 있습니다.. 썬 선생님은 정말 재치가 번뜩이시는 듯해요^^ 다른 방송은 몇번 듣다 말았는데 요건 계속 듣게되는 마력이 있네요! 좋은 방송 감사합니다.

ID:달나라의장난
영어 공부를 열심히 해 본적은 없지만 제가 들은 영어 수업중에서 가장 재밌고 기억에 남네요 두분 목소리도 좋고 호흡도 잘맞아요 ㅎ 보니 & 클라이드 같이

ID:인간세상
늘 잘 듣고 있어요. 감사해요!

ID:안개비
경박한 영어 강의실 완전 좋아요 ~~~~ ♥♥♥

ID:자유
반복이 많아서 참 좋네요.. 근데 입 안 아프세요^^?

ID:dynamin
영어때문에 힘들어 하는 분들에게 많은 희망을 주시네요. 저도 너무 재미있게 듣고 있습니다. 두분 많은 칭찬 받으

ID:오드리될뻔
나디아 선생님 목소리도 너무 이쁘시고, 발음도 진짜 ㅎㄷㄷㄷ 깜짝깜짝 놀라요!ㅎㅎ Mr.Sun 쌤은 강의가 지루하지 않고 재미있게 느끼도록 해주셔서, 덕분에 꾸준히 계속 듣게 되요. 강의 너무 감사합니다~

ID:하늘
일본에서 듣고 있습니다. 한국말과 영어를 동시에 공부할 수 있어서 좋습니다. 일본의 영어 팟캐스트 전부 다 들어 봤는데 (아주 많습니다.) 들을 만한 것이 없습니다. 경박 시리즈 너무 재미있습니다. 일본의 영어 캐스트와는 비교가 안 될 정도로 재미있고 좋습니다.

ID:빨래줄넛꿈
시종일관 웃으면서 영어 공부를 해 보기는 경박한 영어가 처음입니다. 썬쌤 나디아쌤 덕분에 요즘 자주 웃습니다. 조금 오바하면 컬트보다 더 웃겨요. 쌤들 연기와 목소리 너무 매력있습니다. 지난주에 책도 구입했습니다.

ID:곰상
고맙습니다.

ID:PhilKent
출퇴근길에 듣기에 딱이네요.

ID:컬투보다 더 재밌어요
운동하거나 걸어다니면서 듣는데 빵빵 터집니다 생활 속에 적용해보려고 노력중

ID:ddddd
고스트청취자입니다. 두분 경박하고 유쾌하게 잘 있습니다. 항상 감사요! M 썰렁한 개그도 좋아요!

ID:무빙소울
영어회화표현 Ranking 책서 매일 아침밥 먹을때 듣있습니다~ㅎ 정말 두분재밌게 잘 가르쳐주시는아요ㅎㅎ 감사드립니다^^

ID:돼랑이
으흠. 이 방송을 들으니 얼굴이 점점 궁금해 지는 나디샘 호스트 잘 하시2.월 역주행중입니다.S국에서 듣고 있습니미스터 썬쌤의 경박함인데 저도 남자네요...

ID:핵함대
아참..그리고 매일매일 영어 공부가 재밌어지게 해주신 선생님들 감사합니다^^

ID:뜬구름
인터넷으로 아프리카에서 듣습니다.

ID:김수한무
매일매일 즐겁게 공부합니다. 다운로드후 무한반복~^^

ID: 영어가재미있따

오늘 책 끝냈어요~ 리스닝은 확 좋아진
=낌이예요~ 근데 아직 말이ㅠㅠ혹시
색인부분의 영어부분만 읽어주시는 강
의 올려주시면 안될까요~ 억양이랑 인
토네이션이 부족해 제가 말하면 웃어
서 위축되는데.. 색인부분만 매
일 들으면 말하는데 큰 도움이 될
거같아요~~

ID: 빠다

단군이래 최대.최적.최상.극한.
초극의 환상조가 패턴영어를 갑오년 1이
세갯날 세상에 드디어 던졌습니다.
와아 대박 !!!!!!!

ID: 호박꽃

설겆이하며 넘재밌게 듣고있어요~
30년가까이 안들리던 영어가 귀에쏙
쏙^^저희아들한테 한가지씩 알려주는
재미도 쏠쏠^^책사러 서점가려구용~

ID: 보경

처음 만난 외국인과의 대화
매뉴얼 듣고 있는 청취자이
요. 1-4까지는 리턴이 있
었는데 1-5부터는 없는게
아쉽네요. 듣고 음에 맞춰
서 말하는 게 좋아서 듣고
있었거든요. 말도 잘나오는
거 같아서요.
혹시 안 올려주시나요?

ID: 주쥬엄마

매일매일 넘 재밌게 듣고
있어요. 운전할 때나 자기
전에 들으니 시간 활용도
되고요~~ 많이많이 올
려주세요♥

ID: 이햐

나디아 썬 쌤님~ 늘 감사
립니다~~ 진짜 한 회도
지지 않고 쭉 듣고 있습니
~ 열혈청취자... ;)

ID: 데메테르

ranking 강의 너무 재미있어서 듣다가 책
샀구요~ 기초부터 차근차근 듣고 싶어
서 첫걸음편 1,2,3 셋트를 구입했는데 사
은품으로 패턴은 외롭지 않다 주셨어요!!
와우~~그것도 살리고 장바구니 담아 놨
었는데 ㅎㅎ 강의 다~!!! 들을 거예요^^
항상 감사합니다~~~~~ㅎㅎㅎㅎㅎ
ㅎㅎ최고 잼남!!!!! 미스터 썬 매력적이
에요 나디아 쌤은 말할 것도 없고 ㅋ

ID: 메이데이

두 분 진심 완전
그대로 전달받았습니
감사해요.

ID: ini

책 만드느라 완전 고
하셨을 듯! 그림은 0
고 설명은 친절하네요
책 보며 재미로 듣기
하면 회화가 되겠죠?

ID: 하늘

아마도 고춘자 장소팔
이래의 최고 호흡의 엔터
테이너 인듯... 잘 듣고 있
습니다

ID: 정남인

일이 있어 일주일 동안 못 들
었더니 두 분의 목소리가 그
립네요 ㅎㅎ또 다시 열혈청취
해야겠어요..

ID: 유월

맨날 듣고 있어요 두 분 넘
재밌어요 상황극도 완전 잼나
요 경박한 영어를 만난 건 팟
캐스트에서 로또 맞은 것과
같다는! 앞으로도 영원히!

ID: 빗소리

얼마전에 알게됐는데 두 분 강
의 귀에 쏙쏙 들어옵니다~우울
할 때 들으면 기분 전환도 되고
공부도 되고 넘 좋아요 주위에
널리 전파 중입니다^^

ID: 후회금지

완전 즐청하고
있습니다~~^

ID: MICAH

완전 짱!!!!! 너무 재밌어요.
자연스럽게 영어를 접할수
도 있고요.

ID: 새멸치민주연합

금 회화표허랭킹부터 듣
있습니다 두분의 목소리
무좋아용ㅋㅋ 현강으로
고싶네요.

ID: 돌파구

우선 두 분의 발음과 목소리가 정확해서 참
좋습니다. 귀로 듣는 방송에 발음(한국어든
영어든)과 목소리 거북하면 내용이 아무리
좋아도 소용없죠^^
시험 앞두고 영어 해석 도움될까해서 영어
식 생각하기를 연속으로 듣고 있는데, 제
가 들은 외국어 강의 중에 가장 좋군요. 기
회를 만들어 만드신 책도 구해서 보겠습니
다. 두 분의 경박함은 가면 쓴 교양보다 훨
씬 훌륭하네요

ID: shin

이젠 주말에 안올
려 주시나용? 빨리
듣고 싶어요~

ID: 홍춘79

우연히 들었는데
의도 재밌고 나다
님의 시원한 웃음
리 듣는 재미도 있
요 감사합니다

ID: 북한당나귀

요즘 일하면서 5개씩은 거
뜬히 듣고 따라하는거 같아
요ㅋ 역시영어는 반복만이
답인거같아여ㅋㅋ두분쌤 모
두 화이팅입니다ㅋ잘듣고있

ID: MJKim

티격태격 잼난 강의 ~
고마워요

ID: 레이

첨으로 댓글이란 걸 남겨보네요 두 분 다
정말 기억에 남게 강의 잘 하시는 거 같
아요 오늘 일어나자마자 어제 들은 문장
이 나도 모르게 나왔어요 —— 혼자 미쳐
서ㅋㅋ 자 그럼 다들 책 사러 갑시다 ㄱㄱ
~ p.s 목소리가 정말 최곤 거 같아요

정말 열심히 가르치는 선생님이 있었습니다.
이 선생님은 매 시간마다 최선을 다해 강의했고, 강의는 점점 완벽해져 갔으며,
수업시간 중 단 1분도 낭비되는 일은 없었습니다.

하지만 이상하게도...
시간이 갈수록 학생들은 점점 공부에 흥미를 잃어 가고 말았습니다.

학생들은 이 선생님을 '혼떠샘'이라 불렀습니다.

머 리 말
혼떠샘 이야기

혼자 떠드는 선생님....
물론 이렇게 생각해 볼 수도 있습니다.
'수업시간에 선생님 혼자 떠드는 것은 당연한 것 아닌가?'

Written by Mr. Sun

맞습니다. 그럼 혼떠샘의 진짜 문제는 무엇일까요?
그것은 학생들에게 **생각해 볼 기회**를 주지 않았다는 것입니다.
영어공부에서도 '생각해 볼 기회'는 매우 중요합니다.

잠깐 배워서 잠깐 기억하기는 쉽지만, 한 번 배운 것을
평생 기억하는 것은 **암기력으로도
해결되는 것이 아니기 때문**입니다.

그렇기 때문에 영어는 스스로 생각해 보고 깨우쳐야 합니다.
그냥 배우는 것보다 어렵지 않겠느냐고요?

글쎄요...
이 책을 손에 들고 있는 바로 지금,
한 문장만 도전해 보시는 건 어떨까요?

영어식 생각을 터득하는 순간

수 많은 장애물이
한 번에 해결됩니다

물을 담고 싶다면 그 전에 먼저 그릇을 준비해야 하죠?
영어를 잘 하기 위해서도 이와 같이 그릇을 먼저 준비해야 합니다.
그리고 그 그릇이 바로 '영어식 생각' 입니다.
영어식 생각 없이 배운 영어는 영어실력이 아닌 지식에 불과한 것이죠.
그리고 그릇에 담겨 있지 않은 물은 흩어져 버릴 수밖에 없듯,
영어식 생각 없이는 영어 지식 또한 금새 흩어지고 잊혀져 버리고 맙니다.
특히 영어와 전혀 다른 언어 체계를 사용하는 우리에겐 더욱 절실하게

'문법 지식'이 아닌
'영어식 생각 훈련'이 먼저 필요한 것입니다.

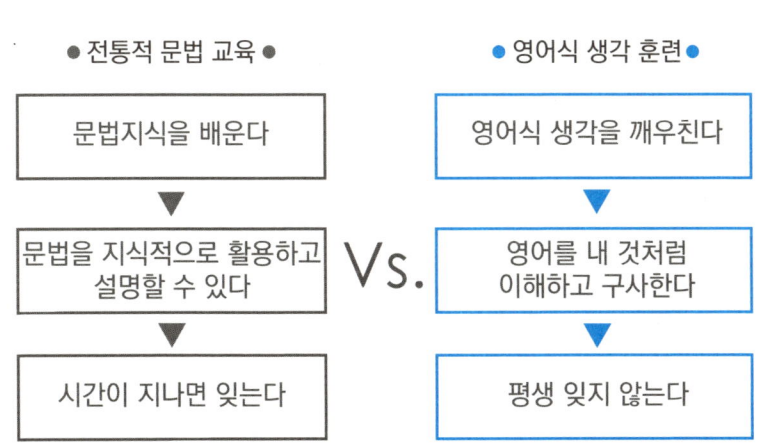

이 책의 숨겨진 비밀장치들...

이 책은 각 박스 안에 빈 칸을 채워가면서 저절로 배울 수 있도록 구성되어 있습니다. 어떠한 장치들이 우리를 기다리고 있는지 알아볼까요?

▶ 너는 영어를 배울 거니?

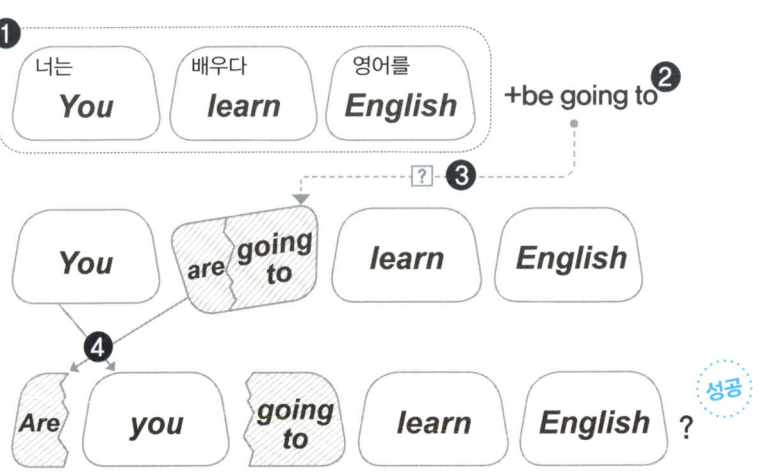

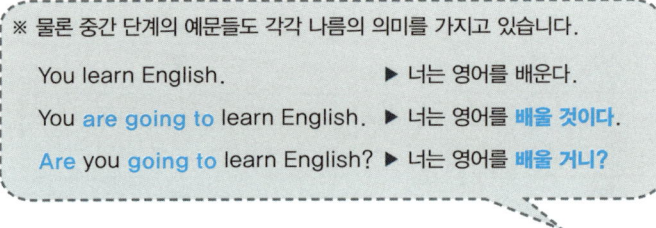

1

| 너는 | 배우다 | 영어를 |

가장 처음에 등장하는 박스들을 채워 넣으면 '기본 문장'이 완성됩니다. 이 책에 나오는 모든 문장들은 이 기본 문장의 변형을 통해 만들어집니다.

2

◯◯◯ **+be going to**

주어진 문장에 be going to를 추가해야 한다는 의미 입니다.

3

+be going to
[?]
are / going to

단어가 [?]를 지나가면서 약간의 변형이 생길 수 있음을 의미합니다.

4

You → *are / going to*
↓ ↓
Are *you* *going to*

두 단어의 순서를 바꿔라, 혹은 이동하라는 의미입니다.

CONTENTS

Unit 01. be동사로 문장 만들기

Unit 02. be동사로 부정문 만들기

Unit 03. be동사로 의문문 만들기

Unit 04. be동사의 과거형 문장 만들기

Unit 05. be동사 과거형의 부정문 만들기

Unit 06. be동사 과거형의 의문문 만들기

Unit 07. 일반동사로 문장 만들기

Unit 08. 일반동사로 의문문 만들기

Unit 09. 일반동사로 부정문 & 부정의문문 만들기

Unit 10. 일반동사의 과거형 문장 만들기

Unit 11. 일반동사의 과거형으로 의문문 만들기

Unit 12. 일반동사의 과거형으로 부정문 만들기

Unit 13. 현재진행형 문장 만들기

Unit 14. 과거진행형 문장 만들기

Unit 15. 명령문 만들기

START

Unit 01
be동사로 문장 만들기

1단계

Unit 01 be동사로 문장 만들기

목표를 세우다

I am happy.

나는 행복해.

행복해.

화났어.

슬퍼.

기뻐.

바빠.

다섯번 입으로 말하기 ✓ ☆ ☆ ☆ ☆

누군가를 처음 알게 되었을 때면 서로 자기소개를 하고는 합니다. '나는 누구야'라고요. 그처럼 어떤 대상이 '무엇이다'라는 말을 할 때면 'be동사 문장'을 사용합니다. 영어의 가장 기본적인 문형입니다. 그만큼 자주 쓰이는 문형이기도 하고요. 이 문형을 통해, 말하고자 하는 대상의 속성이나 상태에 대해서 설명할 수 있습니다. 말을 처음 배우는 아이들도 이 문형을 사용한 문장을 가장 먼저 말할 것 같네요. 이것은 사과, 이것은 코끼리……

I am	happy.
	angry.
	sad.
	glad.
	busy.

2단계

Unit 01 be동사로 문장 만들기
원리를 이해하다

- I am -------
- You are -----
- He is -------

be동사

am, are 그리고 is는 모두 같은 뜻입니다.
그래서 이들을 **be동사**라고 부릅니다.

이상하게도 I 다음에는 항상 **am**을 사용합니다.
이상하게도 You 다음에는 항상 **are**를 사용합니다.
이상하게도 She 다음에는 항상 **is**를 사용합니다.

she 뿐만 아니라, 나와 너를 제외한 다른 무엇에 대해 말할 때는
모두 is를 사용합니다. 그만큼 is는 자주 사용됩니다.

> 그는 ~이다 : He is···
> 토니는 ~이다 : Tony is···
> 이것은 ~이다 : This is···
> 오늘은 ~이다 : Today is···

사람이건 물건이건 여럿에 대해서 말할 때는, 항상 are를 사용합니다.

> 우리들은 ~이다 : We are
> 너희들은 ~이다 : You are
> 사과들은 ~이다 : Apples are

이들 중 자주 사용되는 단어들의 묶음은 다음과 같이 줄여서
사용되기도 합니다.

> I am : I'm
> You are : You're
> He is : He's
> She is : She's
> We are : We're

3단계

Unit 01 be동사로 문장 만들기

손으로 쓰다

Sample 그녀는 똑똑해.

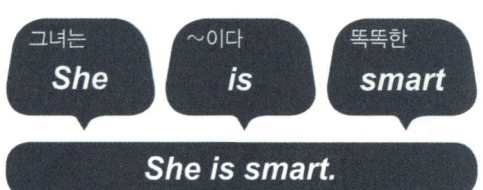

1 우리는 자유로워.

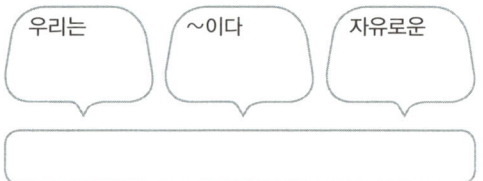

2 그들은 부자야.

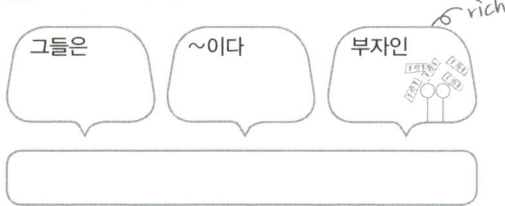

3 저것은 내 차야.

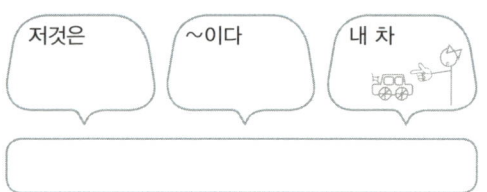

answer

01. We are free.
02. They are rich.
03. That is my car.

04. They are lazy.
05. That is too far.
06. I am lonely.
07. He is boring.

4 그들은 게을러.

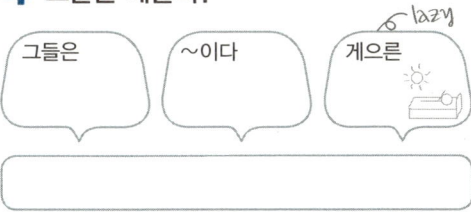

5 그것은 너무 멀리 있어.

6 나는 외로워.

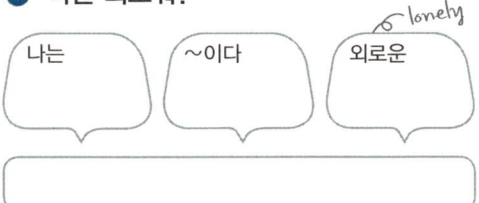

7 그는 따분해.

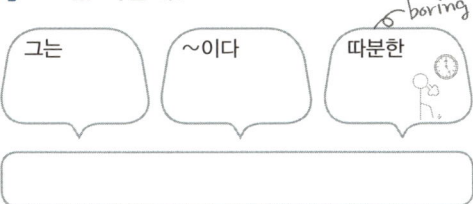

Unit 01 be동사로 문장 만들기

8 그는 섹시해.

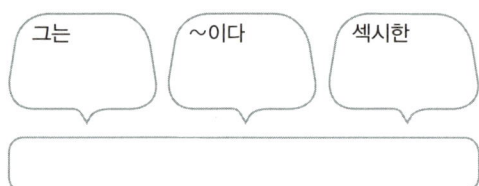

9 그녀는 내 여자친구야.

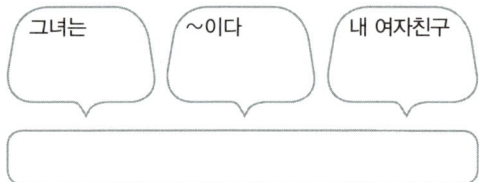

answer
08. He is sexy.
09. She is my girlfriend.
10. Alice is hot.
11. He is my boss.

10 앨리스는 매력적이야.

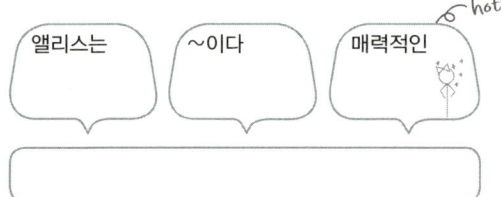

11 그는 내 상사야.

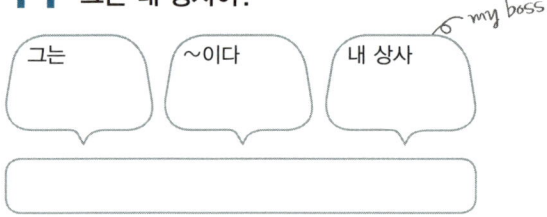

12. This is delicious.
13. You are crazy.
14. My bag is in my car.
15. He is at school.

12 이것은 맛있어.

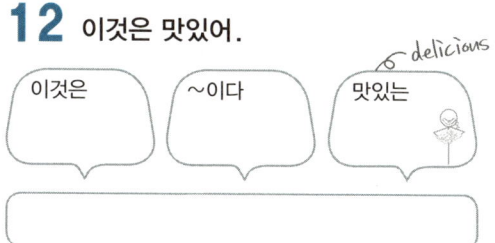

13 너는 미쳤어.

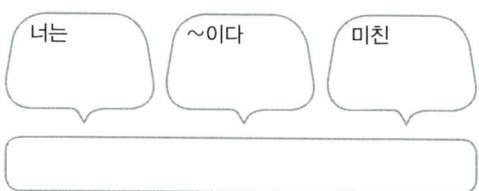

14 내 가방은 내 차 안에 있어.

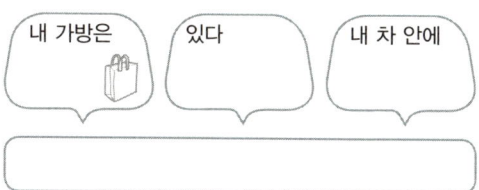

15 그는 학교에 있어.

Unit 01 be동사로 문장 만들기

16. That is tough.
17. She is in her room.
18. He is a heavy smoker.
19. I am scared.

16 그것은 힘들어.

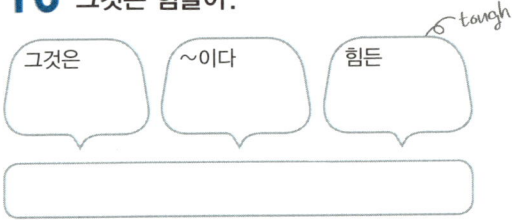

17 그녀는 그녀의 방에 있어.

18 그는 담배를 많이 피워.

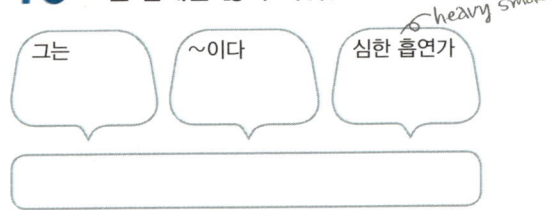

19 나는 무서워.

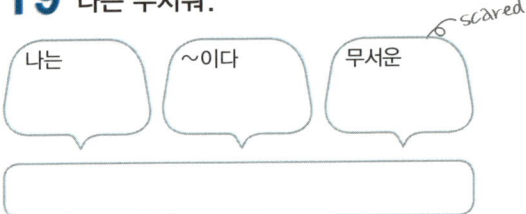

20. Many girls are there.
21. This is my office.
22. I am in my office.
23. The hospital is on the main street.

20 그곳에 많은 여자들이 있어.

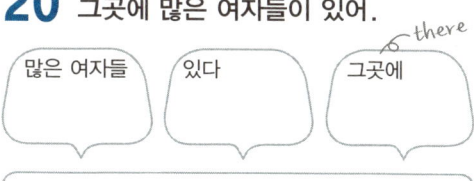

많은 여자들 / 있다 / 그곳에 — there

21 이곳은 내 사무실이야.

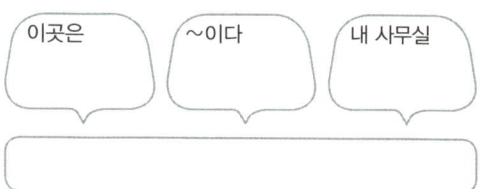

이곳은 / ~이다 / 내 사무실

22 나는 사무실에 있어.

나는 / 있다 / 내 사무실에

23 그 병원은 큰길에 있어.

그 병원은 / 있다 / 큰 길에 — on the main street

4단계

Unit 01 be동사로 문장 만들기

입으로 말하다

24 탐은 파일럿이야. | 탐은 | ~이다 | 파일럿 |

25 나는 배고파. | 나는 | ~이다 | 배고픈 |

26 그는 열심히 일해. | 그는 | ~이다 | 열심히 일하는 사람 (hard worker) |

27 그녀는 승무원이야. | 그녀는 | ~이다 | 승무원 (flight attendant) |

28 그건 멋있어. | 그것은 | ~이다 | 멋진 (gorgeous) |

29 나는 작가야. | 나는 | ~이다 | 작가 |

30 나는 두려워. | 나는 | ~이다 | 두려운 (afraid) |

31 많은 아이들이 여기에 있어. | 많은 아이들 (children) | 있다 | 여기에 |

32 이것은 내 거야. | 이것은 | ~이다 | 나의 것 (mine) |

다섯번 입으로 말하기 ✓ ☆ ☆ ☆ ☆

33 그들은 군인들이야.　　(그들은) (~이다) (군인들)

34 그녀는 괜찮아.　　(그녀는) (~이다) (괜찮은)

35 그들은 멍청해.　　(그들은) (~이다) (멍청한) — foolish

36 그들은 도서관에 있어.　　(그들은) (있다) (도서관에) — library

37 그녀는 날씬해.　　(그녀는) (~이다) (날씬한)

38 저것은 너무 비싸.　　(저것은) (~이다) (너무 비싼) — expensive

39 그들은 가수야.　　(그들은) (~이다) (가수들)

40 사무실은 2층에 있어.　　(사무실은) (있다) (2층에) — on the second floor

41 그는 예술가야.　　(그는) (~이다) (예술가)

answer

24. 탐은 파일럿이야. — Tom is a pilot.

25. 나는 배고파. — I am hungry.

26. 그는 열심히 일해. — He is a hard worker.

27. 그녀는 승무원이야. — She is a flight attendant.

28. 그건 멋있어. — It is gorgeous.

29. 나는 작가야. — I am a writer.

30. 나는 두려워. — I am afraid.

31. 많은 아이들이 여기에 있어. — Many children are here.

32. 이것은 내 거야. — This is mine.

33. 그들은 군인들이야. — They are soldiers.

34. 그녀는 괜찮아. — She is fine.

35. 그들은 멍청해. — They are foolish.

36. 그들은 도서관에 있어. — They are in the library.

37. 그녀는 날씬해. — She is thin.

38. 저것은 너무 비싸. — That is too expensive.

39. 그들은 가수야. — They are singers.

40. 사무실은 2층에 있어. — The office is on the second floor.

41. 그는 예술가야. — He is an artist.

1단계

Unit 02 be동사로 부정문 만들기

목표를 세우다

She is not my sister.

그녀는 내 여동생이 아니야.

그녀는 ☐ 아니야

내 여동생이

화가 나지

멍청하지

무례하지

우리 편이

다섯번 입으로 말하기 ✓☆☆☆☆

상대방이 무엇인가에 대해 잘못된 정보를 가지고 있습니다. 그것을 정정해 줘야겠군요. 네가 잘못 알고 있는 것이라고, 그것이 아니라고요. 이 장에서 배울 내용은 앞서 배웠던 문형인 'be동사 문장'을 부정문으로 바꾸는 방법입니다. 아주 간단한 방법을 통해 be동사의 기본 문장을 부정문으로 바꿀 수 있습니다.

She is not	my sister.
	angry.
	stupid.
	rude.
	on our side.

2단계

Unit 02 be동사로 부정문 만들기
원리를 이해하다

부정문을 만들 땐 **not**을 사용합니다. 나에 관한 이야기일 땐 **I am** 이후에 **not**을 붙여줍니다.

나뿐 아니라 **누구에게든** 사용할 수 있습니다.

You are not alone.	(넌 혼자가 아니야.)
He is not alone.	(그는 혼자가 아니야.)
We are not alone.	(우리는 혼자가 아니야.)

not은 매우 자주 쓰이기 때문에
다음과 같이 축약형을 사용하기도 합니다.

is not ▶

He isn't alone.
(그는 혼자가 아니야.)

are not ▶ aren't

You aren't alone.
(넌 혼자가 아니야.)

We aren't alone.
(우리는 혼자가 아니야.)

3단계

Unit 02 be동사로 부정문 만들기
손으로 쓰다

Sample 나는 바쁘지 않아.

1 그는 키가 작지 않아.

2 그 컴퓨터는 빠르지 않아.

3 그는 옳지 않아.

01. He is not short.
02. The computer is not fast.
03. He is not right.
04. They are not crazy.
05. It is not dirty.
06. I am not sleepy.
07. He is not stupid.

4 그들은 미치지 않았어.

5 그것은 더럽지 않아.

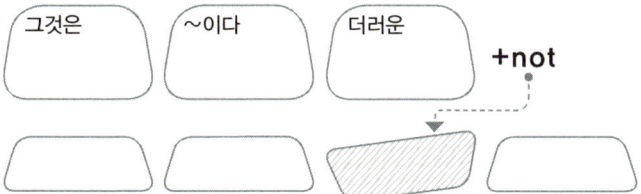

6 나는 졸리지 않아.

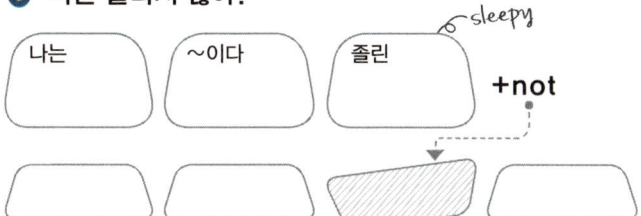

7 그는 멍청하지 않아.

Unit 02 be동사로 부정문 만들기

08. She is not young.
09. I am not a bad person.
10. Jenny is not healthy.
11. They are not smart.

8 그녀는 젊지 않아.

9 나는 나쁜 사람이 아니야.

10 제니는 건강하지 않아.

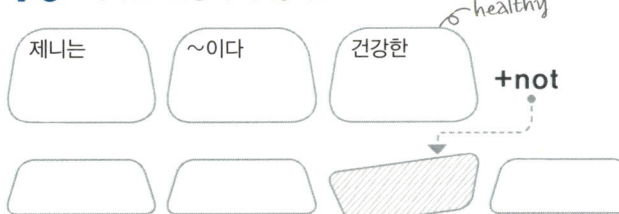

11 그들은 똑똑하지 않아.

12. My wife is not a housewife.
13. He is not a taxi driver.
14. They are not university students.
15. I am not in the shopping mall.

12 나의 아내는 전업주부가 아니야.

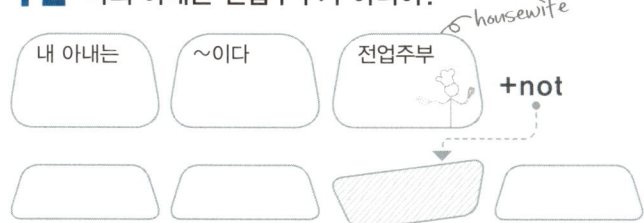

13 그는 택시 운전사가 아니야.

14 그들은 대학생들이 아니야.

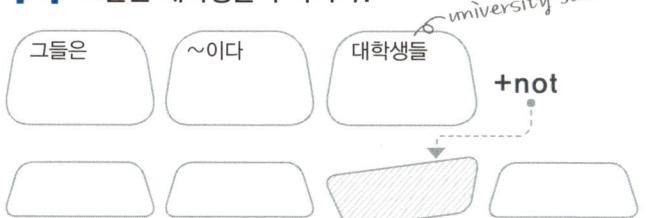

15 나는 쇼핑몰에 있지 않아.

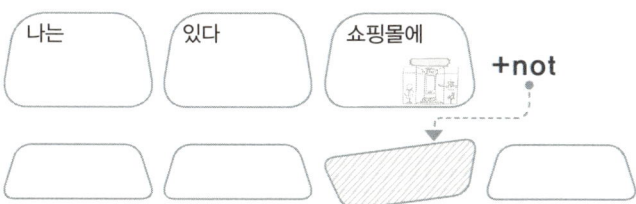

Unit 02 be동사로 부정문 만들기

answer
16. The key is not on my desk.
17. He is not with me.
18. You are not a child.
19. This is not a good idea.

16 그 열쇠는 내 책상 위에 있지 않아.

17 그는 나와 함께 있지 않아.

18 너는 어린애가 아니야.

19 이것은 좋은 생각이 아니야.

20. It is not helpful.
21. Jenny is not a teacher.
22. Mac is not there.
23. They are not in Korea.

20 그것은 도움이 되지 않아.

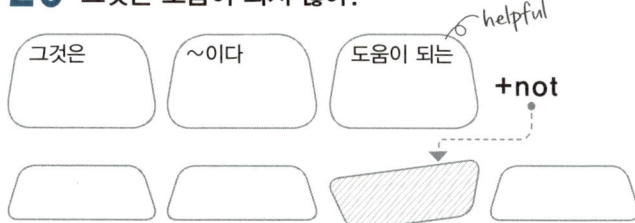

21 제니는 선생님이 아니야.

22 맥은 그곳에 없어.

23 그들은 한국에 있지 않아.

4단계

Unit 02 be동사로 부정문 만들기
입으로 말하다

24 내 차는 오래되지 않았어.   내 차는 / ~이다 / 오래된 +not

25 저것은 깨끗하지 않아.   저것은 / ~이다 / 깨끗한 +not

26 그는 열심히 일하지 않아.   그는 / ~이다 / 열심히 일하는 사람 +not   ↳ hard worker

27 앨리스는 외국인이 아니야.   앨리스는 / ~이다 / 외국인 +not   ↳ foreigner

28 그들은 내 친구들이 아니야.   그들은 / ~이다 / 내 친구들 +not

29 저것은 내 것이 아니야.   저것은 / ~이다 / 내 것 +not   ↳ mine

30 그녀는 수다스럽지 않아.   그녀는 / ~이다 / 수다스러운 +not   ↳ talkative

31 너는 늦지 않았어.   너는 / ~이다 / 늦은 +not

32 확실하지 않아.   나는 / ~이다 / 확신하는 +not   ↳ sure

다섯번 입으로 말하기

33	이것은 신선하지 않아.	이것은	~이다	신선한 (fresh)	+not
34	내 방은 너무 크지 않아.	내 방은	~이다	너무 큰	+not
35	그것은 싸지 않아.	그것은	~이다	싼 (cheap)	+not
36	내 남자친구는 무용수가 아니야.	내 남자친구는	~이다	무용수 (dancer)	+not
37	그는 간호사가 아니야.	그는	~이다	간호사	+not
38	그녀는 여기에 없어.	그녀는	있다	여기에	+not
39	그는 직장에 없어.	그는	있다	직장에 (at work)	+not
40	우유는 냉장고에 없어.	우유는	있다	냉장고에 (refrigerator)	+not
41	그녀는 서울에 없어.	그녀는	있다	서울에	+not

answer

24. 내 차는 오래되지 않았어. **A** My car is not old.

25. 저것은 깨끗하지 않아. **A** That is not clean.

26. 그는 열심히 일하지 않아. **A** He is not a hard worker.

27. 앨리스는 외국인이 아니야. **A** Alice is not a foreigner.

28. 그들은 내 친구들이 아니야. **A** They are not my friends.

29. 저것은 내 것이 아니야. **A** That is not mine.

30. 그녀는 수다스럽지 않아. **A** She is not talkative.

31. 너는 늦지 않았어. **A** You are not late.

32. 확실하지 않아. **A** I am not sure.

33. 이것은 신선하지 않아. **A** This is not fresh.

34. 내 방은 너무 크지 않아. **A** My room is not too big.

35. 그것은 싸지 않아. **A** That is not cheap.

36. 내 남자친구는 무용수가 아니야. **A** My boyfriend is not a dancer.

37. 그는 간호사가 아니야. **A** He is not a nurse.

38. 그녀는 여기에 없어. **A** She is not here.

39. 그는 직장에 없어. **A** He is not at work.

40. 우유는 냉장고에 없어. **A** Milk is not in the refrigerator.

41. 그녀는 서울에 없어. **A** She is not in Seoul.

1단계

Unit 03 be동사로 의문문 만들기

목표를 세우다

Are you okay?

너는 괜찮니?

너는	괜찮니?
	준비가 됐니?
	확실하니?
	긴장되니?
	앨리스니?

다섯번 입으로 말하기 ✔︎ ☆ ☆ ☆ ☆

앞에서는 'be동사 문장'을 통해 이미 알고 있는 사실에 대해 말하는 방법에 대해 배웠지요. 이번에는 반대로, 어떤 대상이 무엇인지 잘 모를 때 그에 대해서 묻는 방법에 대해서 물어보겠습니다. 예를 들어, '이것이 네 가방이야?', '너는 괜찮아?'와 같은 문장들처럼 '그것이 무엇이야?'라고 묻는 법을요. 부정문을 만들 때와 마찬가지로, 의문문을 만들 때도 기본 be동사 문장을 조금만 변형하면 됩니다.

Are you
okay?
ready?
sure?
nervous?
Alice?

2단계

Unit 03 be동사로 의문문 만들기
원리를 이해하다

be동사문장의 의문문을 만들 땐
be동사와 주어의 위치를 바꿔줍니다.

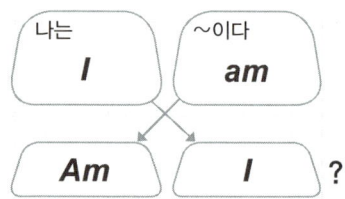

You are!	▶	Are you?
We are!	▶	Are we?
They are!	▶	Are they?
He is!	▶	Is he?
It is!	▶	Is it?
This is!	▶	Is this?

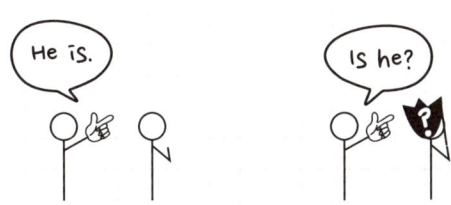

물론 문장 맨 뒤에 '?' 를 붙여주는 것을 잊으면 안 되겠죠? 그리고 읽을 때는 **끝을 올려서 읽어줍니다**.

3단계

Unit 03 be동사로 의문문 만들기

손으로 쓰다

Sample 너는 행복해?

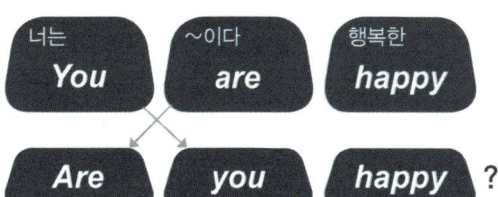

1 앨리스는 매력적이니?

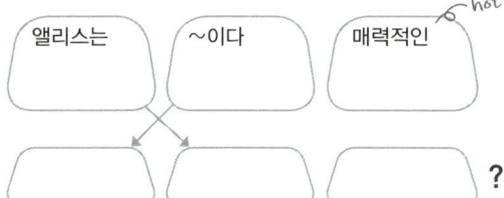

2 그는 화가 났니?

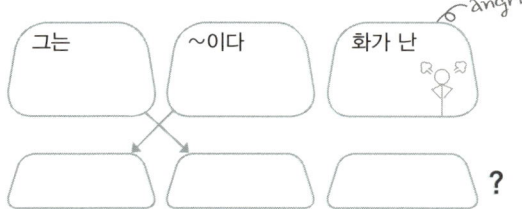

3 너는 두렵니?

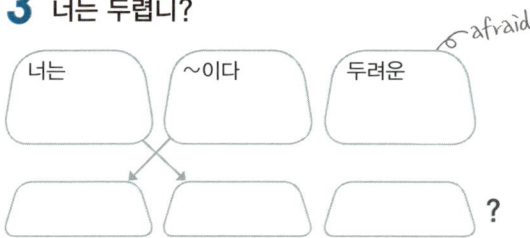

01. Is Alice hot?
02. Is he angry?
03. Are you afraid?

04. Are they free?
05. Are you ready?
06. Is it big enough?
07. Is it dirty?

4 그들은 자유롭니?

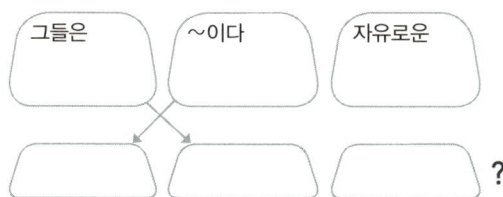

5 너는 준비가 되었니?

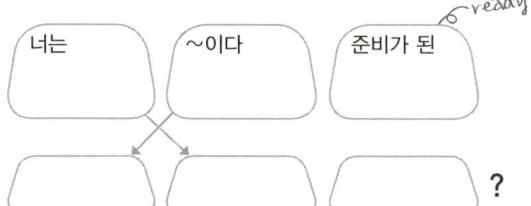

6 그것은 충분히 크니?

7 그것은 더럽니?

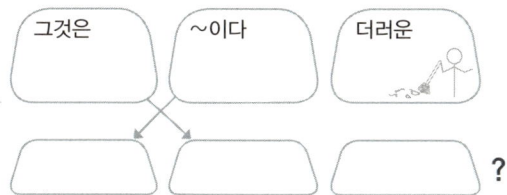

Unit 03 be동사로 의문문 만들기

8 그것이 맞아?

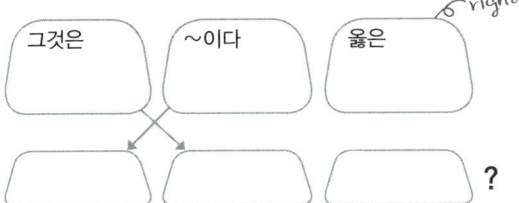

9 너 미쳤니?

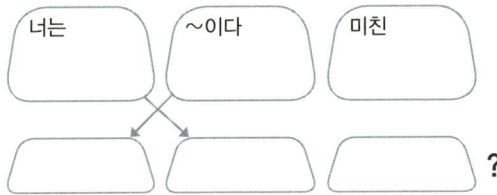

answer
08. Is it right?
09. Are you crazy?
10. Are they famous?
11. Are you a producer?

10 그들은 유명하니?

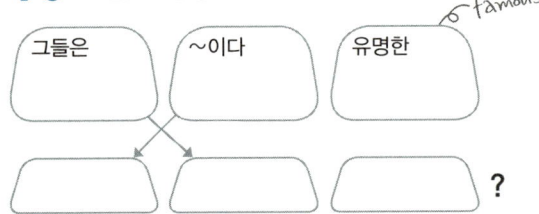

11 너는 프로듀서니?

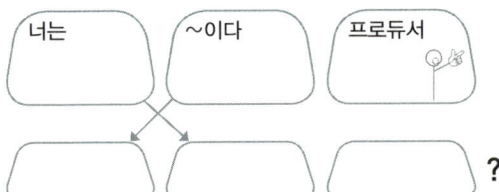

12. Is it delicious?
13. Are you on the beach?
14. Are they in New York?
15. Is she a model?

12 그것은 맛있니?

| 그것은 | ~이다 | 맛있는 (delicious) |

?

13 너는 해변에 있니?

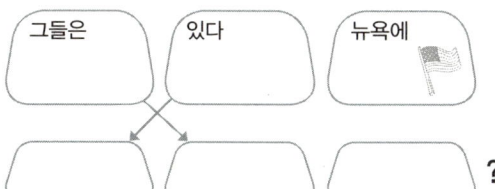

| 너는 | 있다 | 해변에 (on the beach) |

?

14 그들은 뉴욕에 있니?

| 그들은 | 있다 | 뉴욕에 |

?

15 그녀는 모델이니?

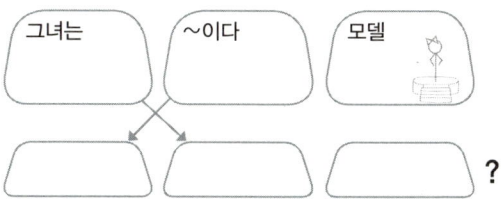

| 그녀는 | ~이다 | 모델 |

?

Unit 03 be동사로 의문문 만들기

16. Is he selfish?
17. Is it wrong?
18. Are you a good speaker?
19. Is she a liar?

16 그는 이기적이니?

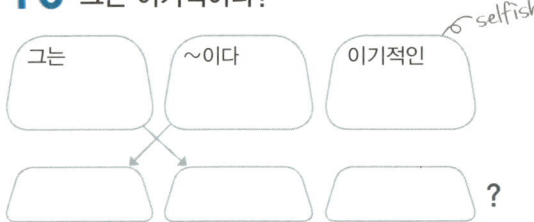

17 그것이 틀렸니?

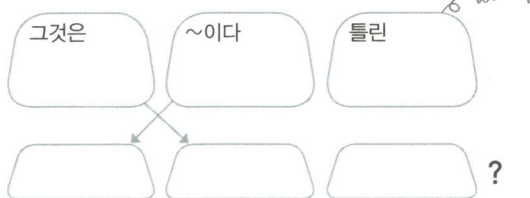

18 너는 말을 잘 하니?

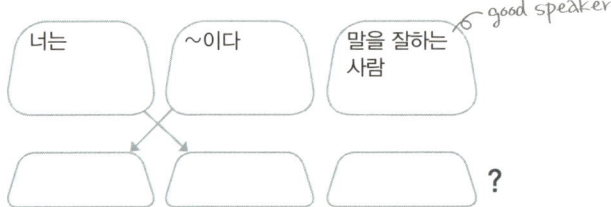

19 그녀는 거짓말쟁이니?

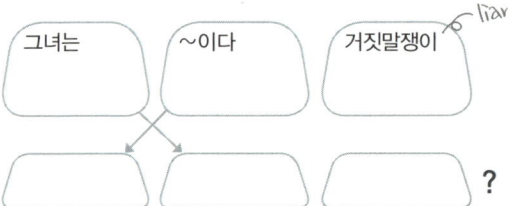

answer

20. Is she single?
21. Is it safe?
22. Is he a musician?
23. Is he in class?

20 그녀는 싱글이니?

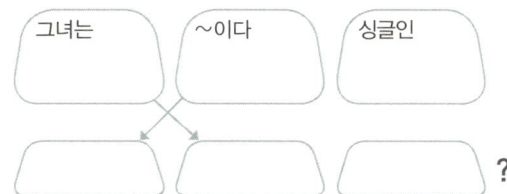

21 그것은 안전하니?

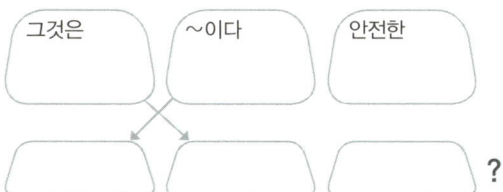

22 그는 음악가니?

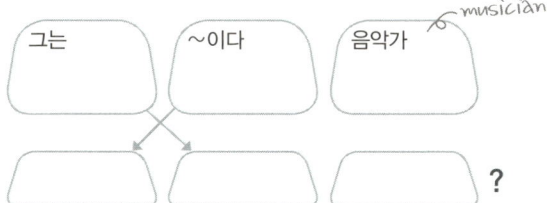

23 그는 수업을 듣고 있니?

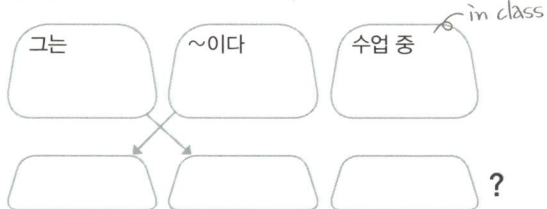

4단계

Unit 03 be동사로 의문문 만들기
입으로 말하다

24 그는 나쁜 사람이니?　　~이다 / 그는 / 나쁜 사람 / ?

25 그가 너의 파트너니?　　~이다 / 그는 / 너의 파트너 / ?

26 배고프니?　　~이다 / 너는 / 배고픈 / ?

27 그것은 네 거니?　　~이다 / 그것은 / 너의 것 (yours) / ?

28 너는 한국 사람이니?　　~이다 / 너는 / 한국 사람 / ?

29 그는 좋은 사람이니?　　~이다 / 그는 / 좋은 사람 (nice man) / ?

30 그것은 중요하니?　　~이다 / 그것은 / 중요한 / ?

31 그는 괜찮아?　　~이다 / 그는 / 괜찮은 / ?

32 너의 가방은 비싸니?　　~이다 / 너의 가방은 / 비싼 (expensive) / ?

다섯번 입으로 말하기 ☑ ☆ ☆ ☆ ☆

33 그것이 재미있어? 〔~이다〕〔그것은〕〔재미있는〕?

34 너는 남의 말을 잘 들어주니? 〔~이다〕〔너는〕〔남의 말을 잘 들어주는 사람〕? *good listener*

35 그녀는 프리랜서니? 〔~이다〕〔그녀는〕〔프리랜서〕?

36 그는 유명한 가수야? 〔~이다〕〔그는〕〔유명한 가수〕? *famous*

37 그녀는 그 레스토랑의 매니저니? 〔~이다〕〔그녀는〕〔매니저〕〔그 레스토랑의〕?

38 확실하니? 〔~이다〕〔너는〕〔확신하는〕?

39 탐은 우체국에 있니? 〔있다〕〔탐은〕〔우체국에〕?

40 그녀는 미팅 중이야? 〔있다〕〔그녀는〕〔미팅 중에〕?

41 그들은 회의실에 있니? 〔있다〕〔그들은〕〔회의실에〕? *conference room*

answer

24. 그는 나쁜 사람이니? — Is he a bad person?

25. 그가 너의 파트너니? — Is he your partner?

26. 배고프니? — Are you hungry?

27. 그것은 네 거니? — Is it yours?

28. 너는 한국 사람이니? — Are you Korean?

29. 그는 좋은 사람이니? — Is he a nice man?

30. 그것은 중요하니? — Is it important?

31. 그는 괜찮아? — Is he okay?

32. 너의 가방은 비싸니? — Is your bag expensive?

33. 그것이 재미있어? — Is it funny?

34. 너는 남의 말을 잘 들어주니? — Are you a good listener?

35. 그녀는 프리랜서니? — Is she a freelancer?

36. 그는 유명한 가수야? — Is he a famous singer?

37. 그녀는 그 레스토랑의 매니저니? — Is she a manager of the restaurant?

38. 확실하니? — Are you sure?

39. 탐은 우체국에 있니? — Is Tom at the post office?

40. 그녀는 미팅 중이야? — Is she in the meeting?

41. 그들은 회의실에 있니? — Are they in the conference room?

Unit 04

be동사의 과거형 문장 만들기

영역식 생각훈련 첫걸음!!

1단계

Unit 04 be동사의 과거형문장 만들기

목표를 세우다

It was nice.
그것은 좋았어.

그것은	좋았어.
	재미있었어.
	달콤했어.
	맛있었어.
	완벽했어.

다섯번 입으로 말하기 ✓ ☆ ☆ ☆ ☆ ☆

버리는 청바지를 고쳐 가방으로 만들었습니다. 누군가가 그게 '무엇이냐'고 물어보네요. be동사 문장을 사용해 이렇게 대답할 수 있겠지요. '이것은 가방이야.' 그렇다면 그게 '무엇이었냐'는 물음에 대한 대답은 어떻게 하면 될까요. '이것은 청바지였어'라는 말을 하려면 말이에요. 그처럼 이미 지나간 과거에 있었던 어떤 사실이나 경험에 대해서 말을 하려면, be동사 문장을 '과거형'으로 바꾸어 사용해야만 합니다. 말하려는 내용은 'be동사 문장'과 비슷하지만 시제만 다른 것이지요.

It was	nice.
	fun.
	sweet.
	delicious.
	perfect.

2단계

Unit 04 be동사의 과거형문장 만들기

원리를 이해하다

과거의 상황을 이야기 할 때 <u>am이나 is 대신 was</u>를 사용합니다.

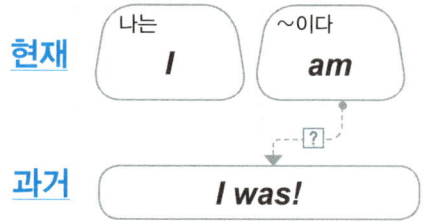

were

그리고
are 대신에는 were를 사용합니다.

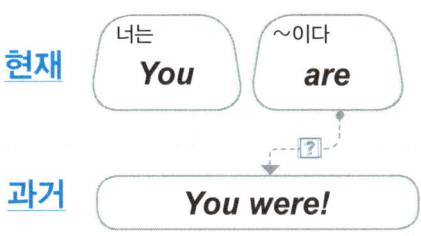

현재: 너는 You / ~이다 are

과거: You were!

3단계

Unit 04 be동사의 과거형문장 만들기
손으로 쓰다

Sample 그녀는 운이 좋았어.

1 그것은 멋졌어.

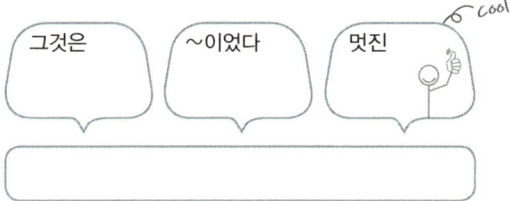

2 그는 이상했어.

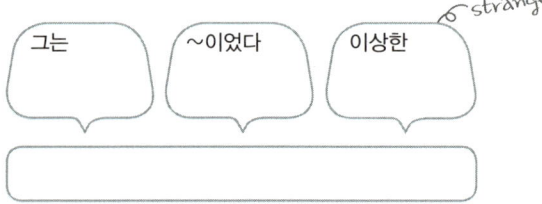

3 나는 아팠어.

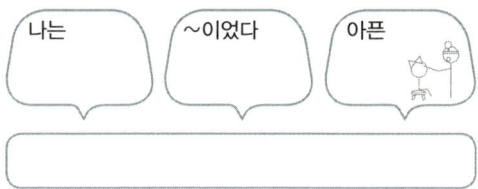

answer
01. It was cool.
02. He was strange.
03. I was sick.

04. It was enough.
05. It was great.
06. She was beautiful yesterday.
07. He was fat.

4 그것은 충분했어.

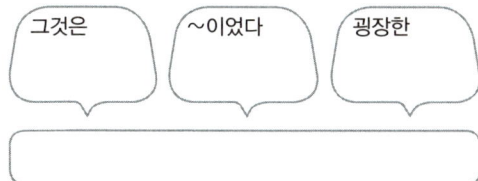

5 그것은 굉장했어.

| 그것은 | ~이었다 | 굉장한 |

6 그녀는 어제 너무 예뻤어.

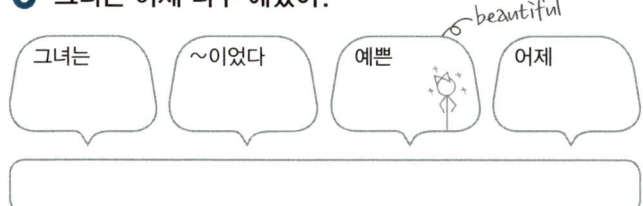

7 그는 뚱뚱했어.

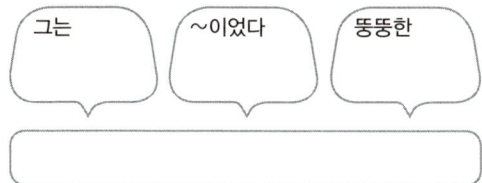

Unit 04 be동사의 과거형문장 만들기

08. It was exciting.
09. He was angry.
10. They were sociable.
11. It was salty.

8 그것은 신났어.

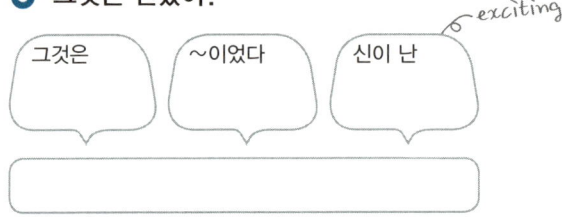

9 그는 화가 났었어.

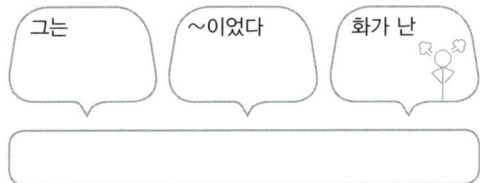

10 그들은 사교적이었어.

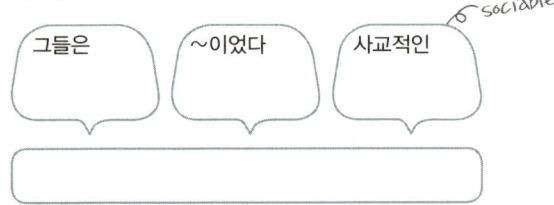

11 그것은 짰어.

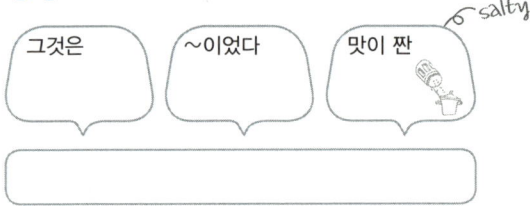

12. She was hurt.
13. It was close.
14. She was a professor.
15. He was a banker.

12 그녀는 다쳤었어.

그녀는 / ~이었다 / 다친 — hurt

13 그것은 가까웠어.

그것은 / ~이었다 / 가까운 — close

14 그녀는 교수였어.

그녀는 / ~이었다 / 교수 — professor

15 그는 은행원이었어.

그는 / ~이었다 / 은행원 — banker

Unit 04 be동사의 과거형문장 만들기

16. Your paper was under the table.
17. It was in my file.
18. Jack was a normal person.
19. Alice was Mac's girlfriend.

16 너의 서류는 책상 밑에 있었어.

17 그것은 내 파일 안에 있었어.

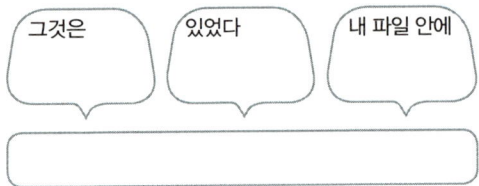

18 잭은 평범한 사람이었어.

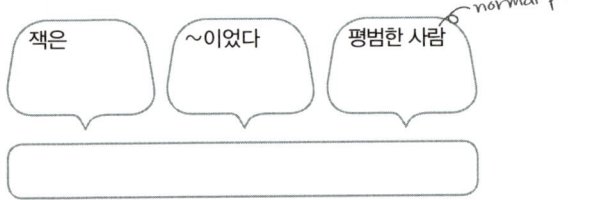

19 앨리스는 맥의 여자친구였어.

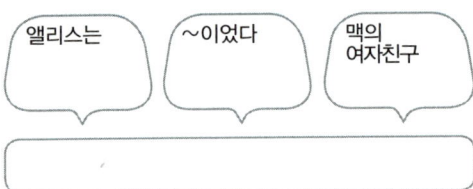

20. I was nervous.
21. They were in China.
22. She was in the bookstore.
23. It was on the second floor.

20 나는 떨렸어.

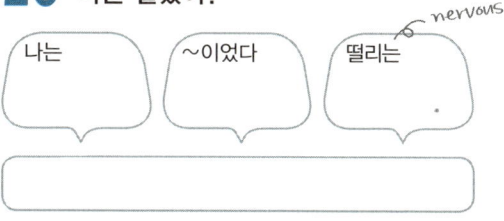

21 그들은 중국에 있었어.

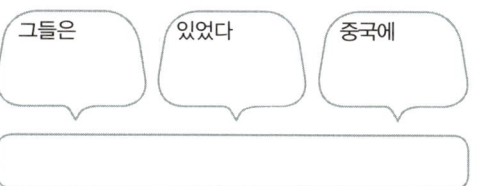

22 그녀는 서점에 있었어.

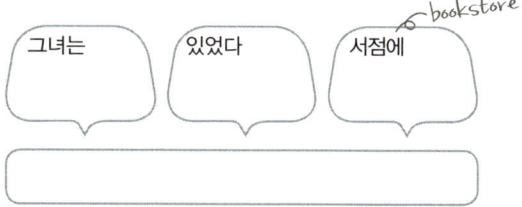

23 그것은 2층에 있었어.

4단계

Unit 04 be동사의 과거형문장 만들기

입으로 말하다

24 그 가방은 내 것이었어. | 그 가방은 | ~이었다 | 내 것 (mine)

25 그는 열심히 일하는 사람이었어. | 그는 | ~이었다 | 열심히 일하는 사람 (hard worker)

26 그녀는 외향적인 사람이었어. | 그녀는 | ~이었다 | 외향적인 사람 (outgoing person)

27 네 여자친구는 부끄러워했어. | 네 여자친구는 | ~이었다 | 부끄러운 (shy)

28 나는 선생님이었어. | 나는 | ~이었다 | 선생님

29 그녀는 순수한 소녀였어. | 그녀는 | ~이었다 | 순수한 소녀 (pure)

30 그 과정은 복잡했어. | 그 과정은 (process) | ~이었다 | 복잡한 (complicated)

31 너의 아이들은 무례했어. | 너의 아이들은 | ~이었다 | 무례한 (rude)

32 그것은 유용했어. | 그것은 | ~이었다 | 유용한 (useful)

다섯번 입으로 말하기 ✓ ☆ ☆ ☆ ☆

33 그는 소방관이었어. [그는] [~이었다] [소방관]

34 앨리스는 번역가였어. [앨리스는] [~이었다] [번역가] ↝ translator

35 탐은 회계사였어. [탐은] [~이었다] [회계사] ↝ accountant

36 그녀는 카운셀러였어. [그녀는] [~이었다] [카운셀러]

37 그는 의사였어. [그는] [~이었다] [의사]

38 제니는 일본에 있었어. [제니는] [있었다] [일본에]

39 파티는 멋졌어. [파티는] [~이었다] [멋진]

40 나의 개는 화장실에 있었어. [나의 개는] [있었다] [화장실에] ↝ rest room

41 영화는 감동적이었어. [영화는] [~이었다] [감동적인] ↝ moving

answer

24. 그 가방은 내 것이었어. — **A** The bag was mine.

25. 그는 열심히 일하는 사람이었어. — **A** He was a hard worker.

26. 그녀는 외향적인 사람이었어. — **A** She was an outgoing person.

27. 네 여자친구는 부끄러워했어. — **A** Your girlfriend was shy.

28. 나는 선생님이었어. — **A** I was a teacher.

29. 그녀는 순수한 소녀였어. — **A** She was a pure girl.

30. 그 과정은 복잡했어. — **A** The process was complicated.

31. 너의 아이들은 무례했어. — **A** Your children were rude.

32. 그것은 유용했어. — **A** It was useful.

33. 그는 소방관이었어. — **A** He was a fire fighter.

34. 앨리스는 번역가였어. — **A** Alice was a translator.

35. 탐은 회계사였어. — **A** Tom was an accountant.

36. 그녀는 카운셀러였어. — **A** She was a counselor.

37. 그는 의사였어. — **A** He was a doctor.

38. 제니는 일본에 있었어. — **A** Jenny was in Japan.

39. 파티는 멋졌어. — **A** The party was cool.

40. 나의 개는 화장실에 있었어. — **A** My dog was in the restroom.

41. 영화는 감동적이었어. — **A** The movie was moving.

Unit 05

be동사 과거형의 부정문 만들기

영어식 생각훈련 첫걸음!

1단계 목표를 세우다

Unit 05 be동사 과거형의 부정문 만들기

They were not a couple.

그들은 커플이 아니었어.

그들은 [　　] 아니였어. / 않았어. / 없었어.

커플이
시끄럽지
여기에
학교에
직장에

다섯번 입으로 말하기 ⭐⭐⭐⭐⭐

친구가 잘못된 기억을 가지고 있네요. 어제 먹었던 음식에 대해서요. 친구에게 맛있는 파스타를 만들어 대접했었는데, 어째서인지 친구는 그것이 라면인 줄 알고 있군요. 그것은 '무엇이 아니었어'라고, 과거에 있었던 어떤 일에 대해서 부정문의 형식으로 말을 하는 방법을 알아보겠습니다. "그건 라면이 아니었어!"

They were not
- a couple.
- loud.
- here.
- at school.
- at work.

2단계

Unit 05 be동사 과거형의 부정문 만들기
원리를 이해하다

be동사문장의 부정문을 만들 땐 **not**을 사용합니다.

나는 틀리지 않았어.

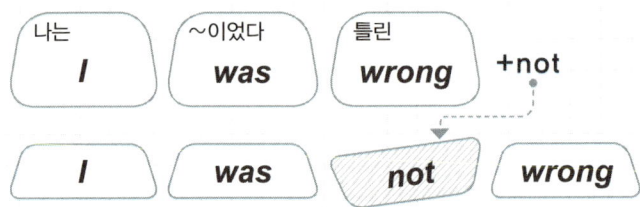

부정문을 만드는 방법은 현재형이나 과거형 모두 같습니다.

> He was not wrong.　(그는 틀리지 않았어.)
> You were not wrong.　(넌 틀리지 않았어.)
> We were not wrong.　(우리는 틀리지 않았어.)

not은 매우 자주 쓰이기 때문에
다음과 같이 축약형을 사용하기도 합니다.

was not ▶ wasn't

I wasn't wrong.
(난 틀리지 않았어.)

He wasn't wrong.
(그는 틀리지 않았어.)

were not ▶ weren't

You weren't wrong.
(넌 틀리지 않았어.)

We weren't wrong.
(우리는 틀리지 않았어.)

3단계

Unit 05 be동사 과거형의 부정문 만들기

손으로 쓰다

answer
01. It was not perfect.
02. I was not alone.
03. You were not cool.

Sample 나는 틀리지 않았어.

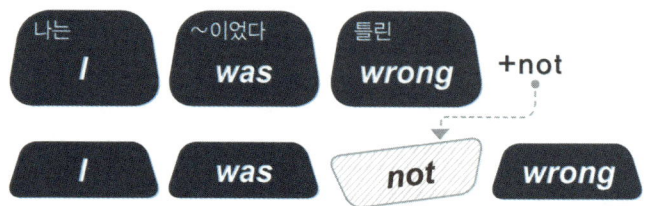

1 그것은 완벽하지 않았어.

2 나는 혼자가 아니었어.

3 너는 쿨하지 않았어.

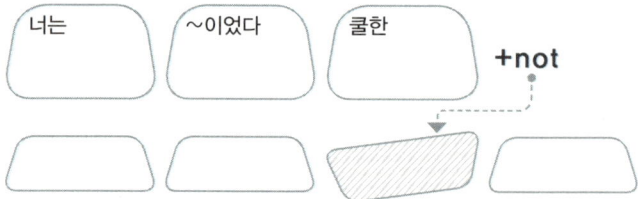

04. It was not bad.
05. They were not kind.
06. It was not interesting.
07. It was not fun.

4 그것은 나쁘지 않았어.

5 그들은 친절하지 않았어.

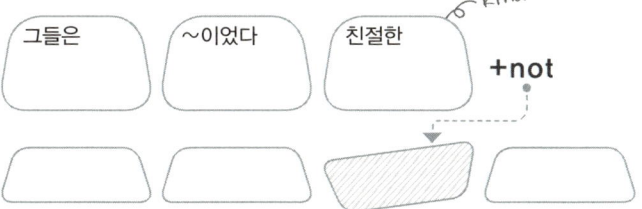

6 그것은 흥미롭지 않았어.

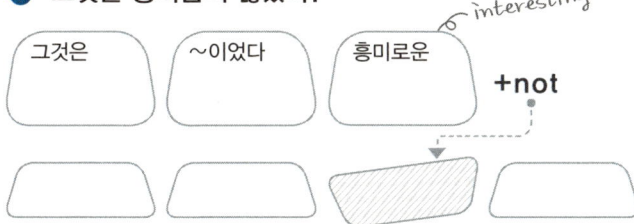

7 그것은 재미있지 않았어.

Unit 05 be동사 과거형의 부정문 만들기

08. He was not passionate.
09. He was not polite.
10. My parents were not strict.
11. He was not attractive.

8 그는 열정적이지 않았어.

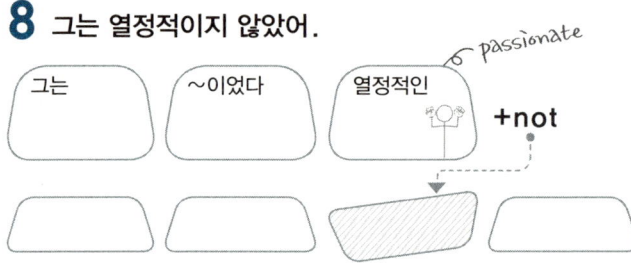

9 그는 공손하지 않았어.

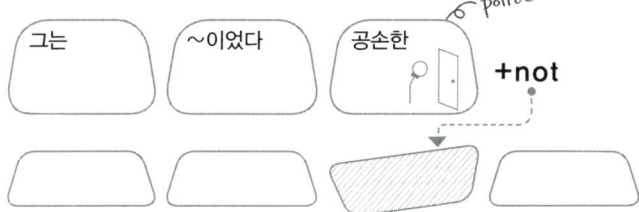

10 나의 부모님은 엄격하지 않았어.

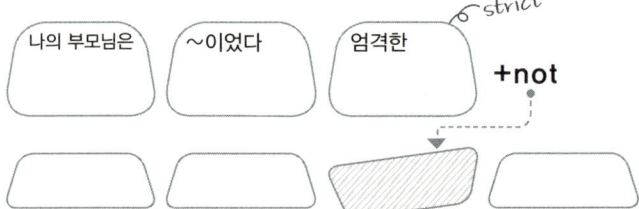

11 그는 매력적이지 않았어.

12. She was not picky.
13. He was not a good lawyer.
14. They were not thoughtful.
15. She was not a talented musician.

12 그녀는 까다롭지 않았어.

13 그는 좋은 변호사가 아니었어.

14 그들은 생각이 깊지 않았어.

15 그녀는 재능 있는 음악가가 아니었어.

Unit 05 be동사 과거형의 부정문 만들기

16. I was not in front of the bank.
17. She was not in the studio.
18. It was not a main issue.
19. It was not a serious problem.

16 나는 은행 앞에 있지 않았어.

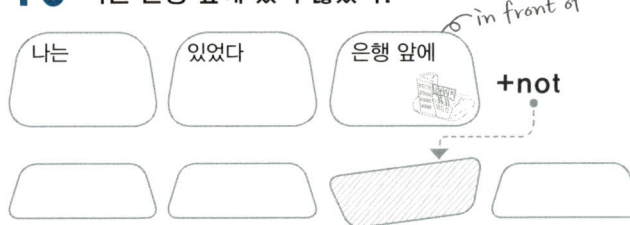

17 그녀는 스튜디오에 있지 않았어.

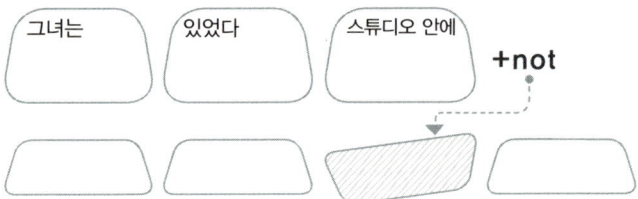

18 그것은 주요 이슈가 아니었어.

19 그것은 심각한 문제가 아니었어.

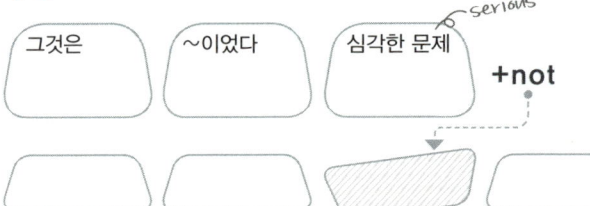

20. He was not a generous person.
21. It was not a common case.
22. They were not innocent people.
23. It was not a necessary thing.

20 그는 너그러운 사람이 아니었어.

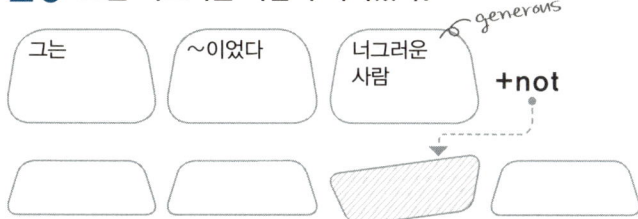

21 그것은 흔한 경우가 아니었어.

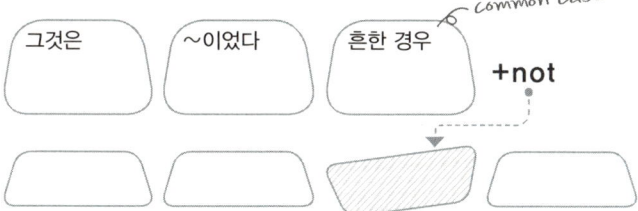

22 그들은 결백한 사람들이 아니었어.

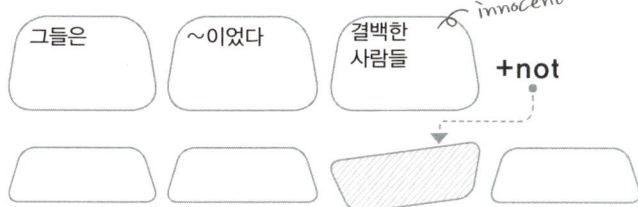

23 그것은 필요한 것이 아니었어.

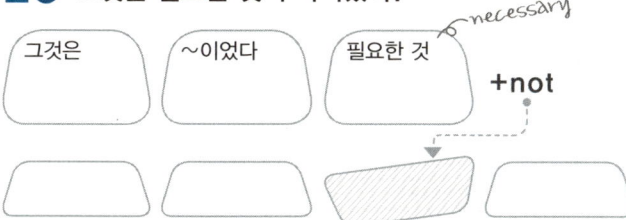

4단계

Unit 05 be동사 과거형의 부정문 만들기
입으로 말하다

24 내 잘못이 아니었어. | 그것은 | ~이었다 | 나의 잘못 (fault) | +not

25 그는 학교에 없었어. | 그는 | 있었다 | 학교에 | +not

26 이것들은 유용한 것들이 아니었어. | 이것들은 | ~이었다 | 유용한 것들 | +not

27 그들은 정직한 사람들이 아니었어. | 그들은 | ~이었다 | 정직한 사람들 (honest) | +not

28 저것은 특별한 경우가 아니었어. | 저것은 | ~이었다 | 특별한 경우 (case) | +not

29 그 이야기는 가짜가 아니었어. | 그 이야기는 | ~이었다 | 가짜의 (fake) | +not

30 그것은 달지 않았어. | 그것은 | ~이었다 | 달콤한 | +not

31 그 화장실은 깨끗하지 않았어. | 그 화장실은 | ~이었다 | 깨끗한 | +not

32 그것은 진짜가 아니었어. | 그것은 | ~이었다 | 진짜인 | +not

다섯번 입으로 말하기

33 그는 힘이 세지 않았어. | 그는 | ~이었다 | 힘이 센 | +not

34 그는 성공한 사업가가 아니었어. | 그는 | ~이었다 | 성공한 사업가 (successful businessman) | +not

35 그녀는 제빵사가 아니었어. | 그녀는 | ~이었다 | 제빵사 (baker) | +not

36 그는 이발사가 아니었어. | 그는 | ~이었다 | 이발사 (barber) | +not

37 그녀는 여배우가 아니었어. | 그녀는 | ~이었다 | 여배우 (actress) | +not

38 나는 그곳에 없었어. | 나는 | 있었다 | 그곳에 | +not

39 그녀는 호텔에 없었어. | 그녀는 | 있었다 | 호텔에 | +not

40 그들은 미국에 있지 않았어. | 그들은 | 있었다 | 미국에 | +not

41 그는 탐의 집에 있지 않았어. | 그는 | 있었다 | 탐의 집에 | +not

answer

24. 내 잘못이 아니었어.   **A** It was not my fault.

25. 그는 학교에 없었어.   **A** He was not at school.

26. 이것들은 유용한 것들이 아니었어.   **A** These were not useful things.

27. 그들은 정직한 사람들이 아니었어.   **A** They were not honest people.

28. 저것은 특별한 경우가 아니었어.   **A** That was not a special case.

29. 그 이야기는 가짜가 아니었어.   **A** The story was not fake.

30. 그것은 달지 않았어.   **A** It was not sweet.

31. 그 화장실은 깨끗하지 않았어.   **A** The restroom was not clean.

32. 그것은 진짜가 아니었어.   **A** It was not real.

33. 그는 힘이 세지 않았어.   **A** He was not strong.

34. 그는 성공한 사업가가 아니었어.   **A** He was not a successful businessman.

35. 그녀는 제빵사가 아니었어.   **A** She was not a baker.

36. 그는 이발사가 아니었어.   **A** He was not a barber.

37. 그녀는 여배우가 아니었어.   **A** She was not an actress.

38. 나는 그곳에 없었어.   **A** I was not there.

39. 그녀는 호텔에 없었어.   **A** She was not at the hotel.

40. 그들은 미국에 있지 않았어.   **A** They were not in the United States.

41. 그는 탐의 집에 있지 않았어.   **A** He was not at Tom's home.

Unit 06

be동사 과거형의 의문문 만들기

|1단계|

Unit 06 be동사 과거형의 의문문 만들기

목표를 세우다

Were you sick?

너는 아팠니?

	아팠니?
	바빴니?
너는	늦었니?
	거기에 있었니?
	파리에 있었니?

다섯번 입으로 말하기

여행을 다녀왔다는 사람과 대화를 하는 중입니다. 여행이 즐거웠는지 물어보고 싶군요. 그처럼 과거에 있었던 어떤 일에 대해서 물어보려고 합니다. 그것은 '무엇이었니?'라고요. 그럴 때는 'be동사 문장'을 과거형으로, 다시 의문문으로 바꾸어 물어볼 수 있습니다.

Were you sick?
busy?
late?
there?
in Paris?

2단계

Unit 06 be동사 과거형의 의문문 만들기

원리를 이해하다

be동사문장의 의문문을 만들 땐 **be동사와 주어의 위치**를 바꿔줍니다.

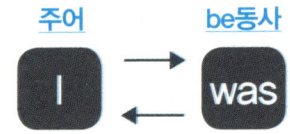

의문문을 만드는 방법은 단수형이나 복수형 모두 같습니다.

단수형

I was !	▶	Was I ?
You were !	▶	Were you ?
He was !	▶	Was he ?
She was !	▶	Was she ?
It was !	▶	Was it ?
This was !	▶	Was this ?
That was !	▶	Was that ?

복수형

You were !	▶	Were you ?
We were !	▶	Were we ?
They were !	▶	Were they ?
These were !	▶	Were these ?
Those were !	▶	Were those ?

단수형과 복수형이 똑같다.

3단계

Unit 06 be동사 과거형의 의문문 만들기

손으로 쓰다

Sample 그것은 도움이 되었니?

answer

01. Was it fun?
02. Was she ugly?
03. Was everything okay?

1 그것은 재미있었니?

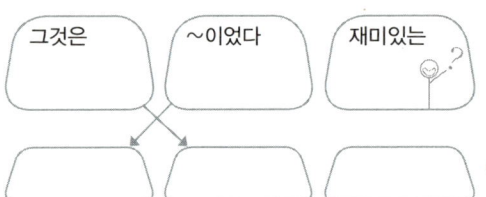

2 그녀는 못생겼었니?

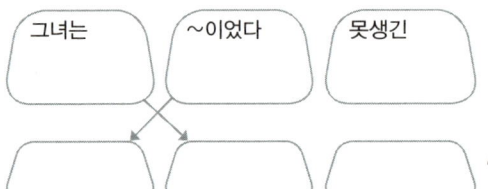

3 모든 것이 괜찮았니?

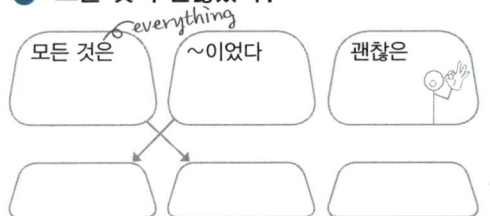

04. Was the restroom clean?
05. Was she alright?
06. Were you alone?
07. Was she correct?

4 화장실이 깨끗했니?

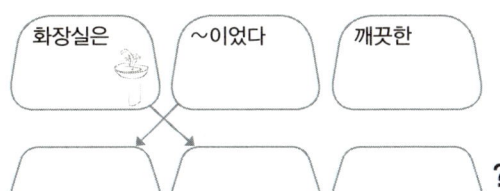

5 그녀는 괜찮았어?

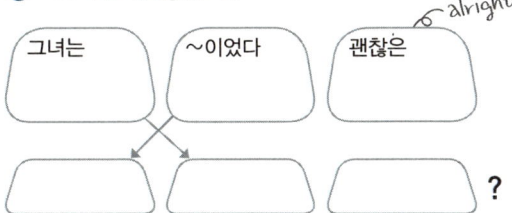

6 너는 혼자였니?

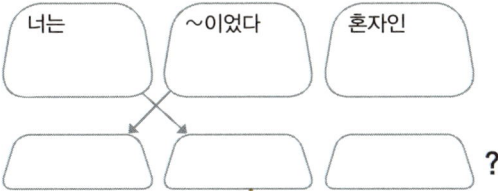

7 그녀가 맞았어?

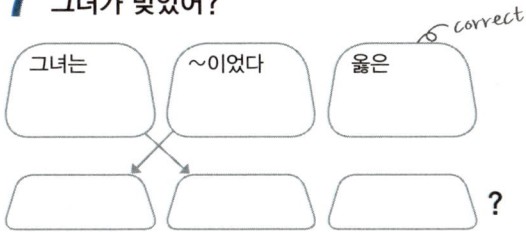

Unit 06 be동사 과거형의 의문문 만들기

8 그것은 빛났니?

그것은 / ~이었다 / 빛나는 (shiny)

?

9 그것은 충분했니?

그것은 / ~이었다 / 충분한

?

10 그 음악 너무 컸니?

그 음악은 / ~이었다 / 너무 시끄러운 (loud)

?

11 너는 놀랐었니?

너는 / ~이었다 / 놀라는 (surprised)

?

answer
08. Was it shiny?
09. Was it enough?
10. Was the music too loud?
11. Were you surprised?

12. Was it informative?
13. Was she a baby-sitter?
14. Were you worried about her?
15. Was he a famous movie star?

12 그것은 유익했니?

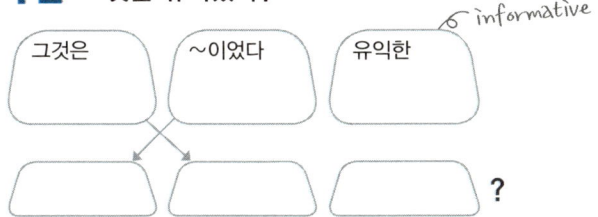

13 그녀는 유모였니?

14 너는 그녀에 대해 걱정했었니?

15 그는 유명한 영화배우였니?

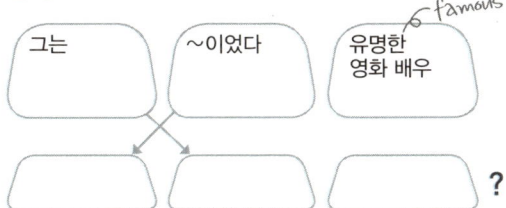

Unit 06 be동사 과거형의 의문문 만들기

16. Was he at the park?
17. Was she at the department store?
18. Was it a political issue?
19. Was she a good wife?

16 그는 공원에 있었니?

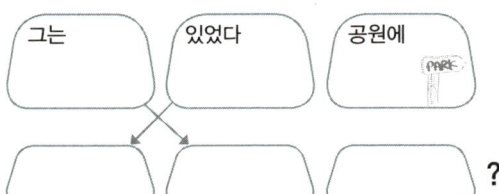

17 그녀는 백화점에 있었니?

18 그것은 정치적 이슈였어?

19 그녀는 좋은 아내 였니?

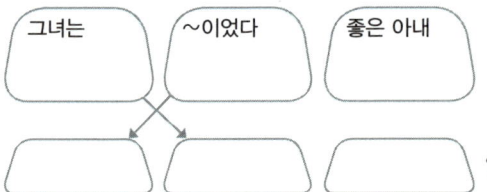

20 그것이 너의 것이었니?

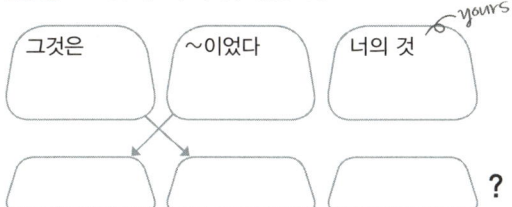

20. Was it yours?
21. Was it your fault?
22. Was the exam difficult?
23. Was she a reporter?

21 그것은 너의 잘못이었니?

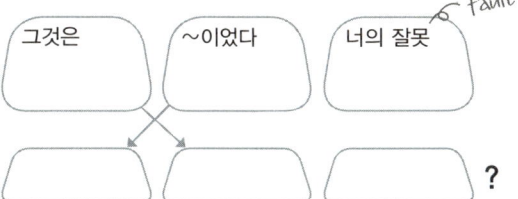

22 시험이 어려웠니?

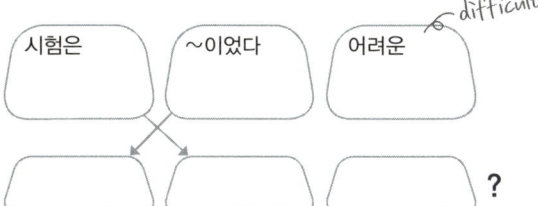

23 그녀는 리포터였니?

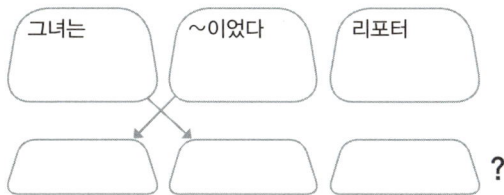

4단계

Unit 06 be동사 과거형의 의문문 만들기

입으로 말하다

24 그것은 중요한 문제였니? ~이었다 그것은 중요한 문제 ? *important matter*

25 그는 좋은 파트너였니? ~이었다 그는 좋은 파트너 ?

26 너는 중국에 있었니? 있었다 너는 중국에 ?

27 저것은 충분했니? ~이었다 저것은 충분한 ?

28 그게 나였니? ~이었다 그것은 나 ?

29 그것은 넓었니? ~이었다 그것은 넓은 ? *wide*

30 그것은 어려웠니? ~이었다 그것은 어려운 ? *hard*

31 그는 프로다웠니? ~이었다 그는 프로다운 ? *professional*

32 너는 바빴니? ~이었다 너는 바쁜 ?

다섯번 입으로 말하기 ✓ ☆ ☆ ☆ ☆

33 그는 좋은 정치인이었니? 〔~이었다〕 〔그는〕 〔좋은 정치인 *politician*〕 ?

34 그것은 맛있었니? 〔~이었다〕 〔그것은〕 〔맛있는〕 ?

35 너는 플로리스트였니? 〔~이었다〕 〔너는〕 〔플로리스트 *florist*〕 ?

36 그는 컴퓨터 프로그래머였어? 〔~이었다〕 〔그는〕 〔컴퓨터 프로그래머〕 ?

37 넌 아울렛에 있었니? 〔있었다〕 〔너는〕 〔아울렛에 *outlet*〕 ?

38 너는 저쪽에 있었니? 〔있었다〕 〔너는〕 〔저쪽에 *over there*〕 ?

39 그 개는 소파 위에 있었니? 〔있었다〕 〔그 개는〕 〔소파 위에〕 ?

40 그녀는 충격받았니? 〔~이었다〕 〔그녀는〕 〔충격받은〕 ?

41 영화는 좋았니? 〔~이었다〕 〔영화는〕 〔좋은〕 ?

answer

24. 그것은 중요한 문제였니? 　Ⓐ Was it an important matter?

25. 그는 좋은 파트너였니? 　Ⓐ Was he a good partner?

26. 너는 중국에 있었니? 　Ⓐ Were you in China?

27. 저것은 충분했니? 　Ⓐ Was that enough?

28. 그게 나였니? 　Ⓐ Was that me?

29. 그것은 넓었니? 　Ⓐ Was it wide?

30. 그것은 어려웠니? 　Ⓐ Was it hard?

31. 그는 프로다웠니? 　Ⓐ Was he professional?

32. 너는 바빴니? 　Ⓐ Were you busy?

33. 그는 좋은 정치인이었니? 　Ⓐ Was he a good politician?

34. 그것은 맛있었니? 　Ⓐ Was it delicious?

35. 너는 플로리스트였니? 　Ⓐ Were you a florist?

36. 그는 컴퓨터 프로그래머였어? 　Ⓐ Was he a computer programmer?

37. 넌 아울렛에 있었니? 　Ⓐ Were you at an outlet?

38. 너는 저쪽에 있었니? 　Ⓐ Were you over there?

39. 그 개는 소파 위에 있었니? 　Ⓐ Was the dog on the sofa?

40. 그녀는 충격받았었니? 　Ⓐ Was she shocked?

41. 영화는 좋았니? 　Ⓐ Was the movie good?

1단계

Unit 07 일반동사로 문장 만들기

목표를 세우다

I like it.

나는 그것을 좋아해.

| 나는 그것을 | 좋아해 / 알아 / 원해 / 즐겨 / 읽어 | 그것을 |

다섯번 입으로 말하기 ✩✩✩✩✩

be동사 문장은 어떤 대상이 '무엇인지' 말하기 위해 사용하는 문장입니다. 하지만 그것만으로 할 수 있는 말에는 한계가 있지요. 그것이 '무엇을 하는지'에 대해 말할 때는 어떻게 하면 될까요. '달린다, 운전한다, 좋아한다, 안다'와 같은 말을 하려고 할 때요. 그처럼 대상이 하는 '행동'에 대해서 말을 할 때는 '일반동사'를 사용해 문장을 만들면 됩니다.

2단계

Unit 07 일반동사로 문장 만들기
원리를 이해하다

지금까지 우리는 be동사문장을 배웠습니다. 이미 배운 바와 같이
무엇과 무엇이 똑같다고 말할 땐 간단하게 **be동사**를 사용하면 됩니다.
하지만 지금부터 배우게 될 내용은 행동을 말하는 방법입니다.
행동을 말할 땐 어떤 행동이냐에 따라 수 많은 **일반동사**를 사용하게 됩니다.

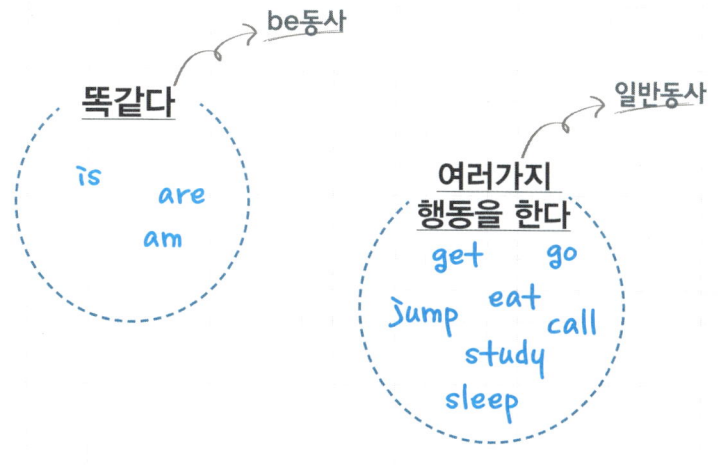

너도 나도 아닌 **다른 사람**(3인칭)에 대해 말할 땐 **동사에** s를 붙여 사용합니다.

다른 사람 중에서도 여러 명(복수)일 때는 s를 붙이지 않습니다.
딱 한 명(단수)일 때만 s를 붙여 사용합니다.

> They love you.
> She loves you.

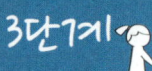

Unit 07 일반동사로 문장 만들기

손으로 쓰다

Sample 우리는 노래방에서 노래를 불러.

We sing in the karaoke.

1 제니는 빨리 달려.

2 나는 그를 기억해. — remember

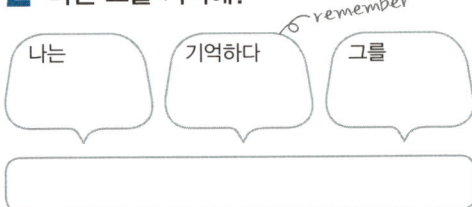

3 그는 일을 열심히 해.

answer

01. Jenny runs fast.
02. I remember him.
03. He works hard.

answer

04. These machines work well.
05. This movie ends happily.
06. My son studies hard.
07. My boyfriend swims very well.

4 이 기계들은 잘 작동해.

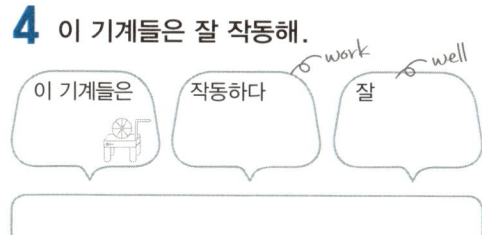

5 이 영화는 해피엔딩이야.

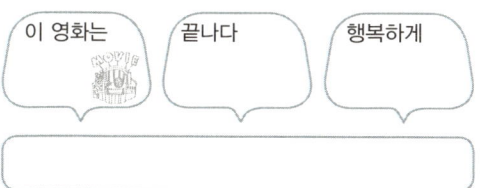

6 나의 아들은 공부를 열심히 해.

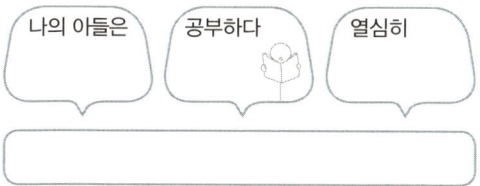

7 나의 남자친구는 수영을 매우 잘 해.

Unit 07 일반동사로 문장 만들기

08. They like seafood.
09. The train arrives late.
10. Alice joins the club.
11. I enjoy writing.

8 그들은 해산물을 좋아해.

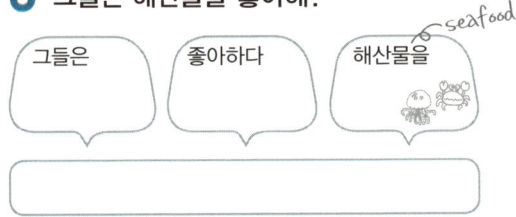

9 그 기차는 늦게 도착해.

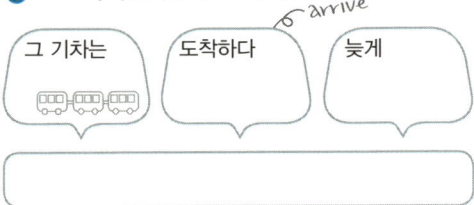

10 앨리스는 그 클럽에 가입해.

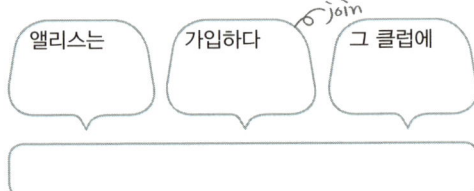

11 나는 글 쓰는 것을 즐겨.

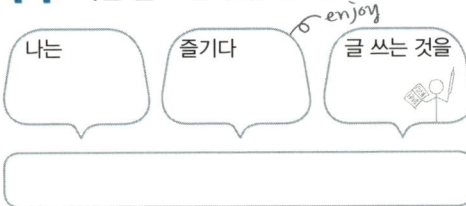

12 그는 나에게 거짓말을 해.

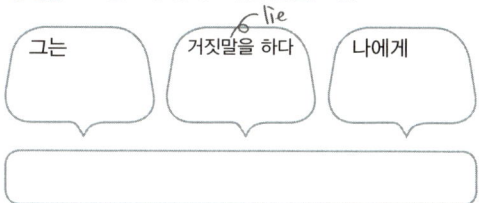

13 그들은 잠을 자고 싶어해.

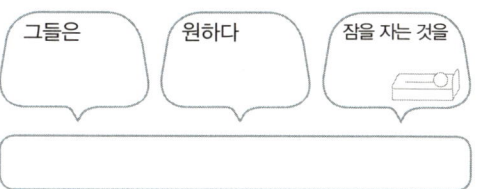

14 그녀는 낮잠 자는 것을 원해.

15 그 아기가 울어.

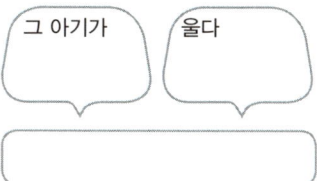

answer

12. He lies to me.
13. They want to sleep.
14. She wants to take a nap.
15. The baby cries.

Unit 07 일반동사로 문장 만들기

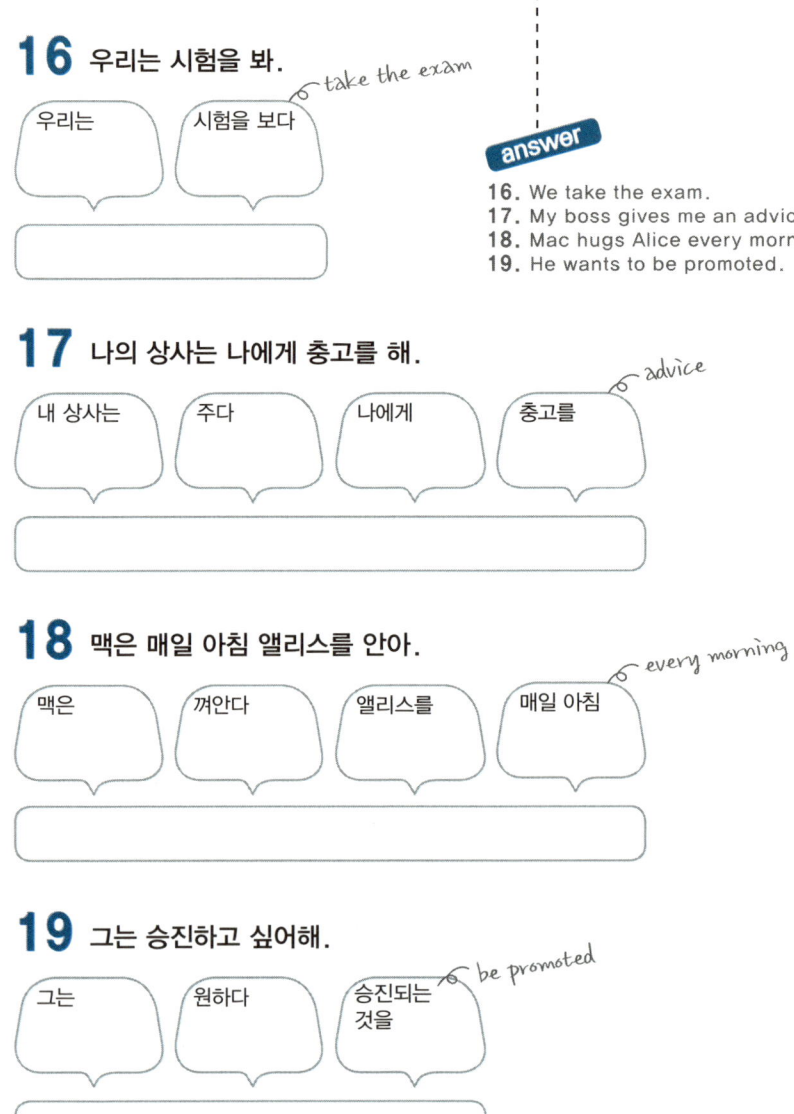

16 우리는 시험을 봐. — take the exam

우리는 / 시험을 보다

17 나의 상사는 나에게 충고를 해. — advice

내 상사는 / 주다 / 나에게 / 충고를

18 맥은 매일 아침 앨리스를 안아. — every morning

맥은 / 껴안다 / 앨리스를 / 매일 아침

19 그는 승진하고 싶어해. — be promoted

그는 / 원하다 / 승진되는 것을

answer
16. We take the exam.
17. My boss gives me an advice.
18. Mac hugs Alice every morning.
19. He wants to be promoted.

20. She has 2 sons.
21. She makes a schedule.
22. We dance every night.
23. He signs the contract.

20 그녀는 두 명의 아들이 있어.

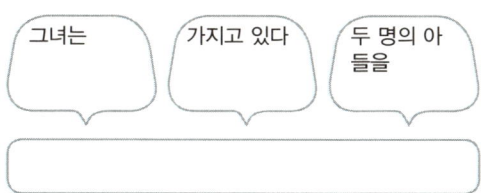

21 그녀는 스케줄을 짜.

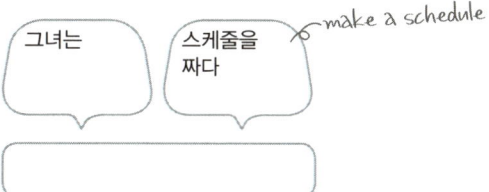

make a schedule

22 우리는 매일 밤 춤을 춰.

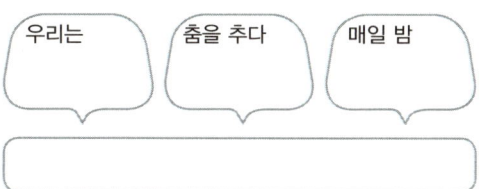

23 그는 계약서에 서명을 해.

the contract

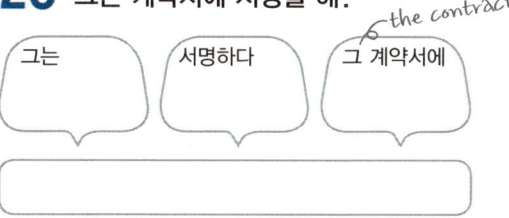

4단계

Unit 07 일반동사로 문장 만들기

입으로 말하다

24 나는 그를 사랑해.   나는 / 사랑하다 / 그를

25 나의 남편은 너무 느리게 걸어.   내 남편은 / 걷다 / 너무 느리게

26 그는 그것이 필요해.   그는 / 필요하다 / 그것을

27 그들은 그 이슈를 토론해.   그들은 / 토론하다 (discuss) / 그 이슈를

28 앨리스는 맥을 믿어.   앨리스는 / 믿다 (trust) / 맥을

29 그녀가 그의 머리를 잘라.   그녀는 / 자르다 / 그의 머리를

30 그는 안경을 써.   그는 / 입다 (wear) / 안경을 (glasses)

31 그는 공을 차.   그는 / 차다 (kick) / 공을

32 나는 죽은 사람들을 봐.   나는 / 보다 / 죽은 (dead) 사람들을

다섯번 입으로 말하기 ☑ ☆ ☆ ☆ ☆

33 그는 차를 운전하는 것을 좋아해.
〔그는〕 〔좋아하다〕 〔자동차를 운전하는 것을〕

34 앨리스는 매일 아침 맥에게 키스를 해.
〔앨리스는〕 〔키스하다〕 〔맥에게〕 〔매일 아침〕

35 그녀는 운전면허증이 있어.
〔그녀는〕 〔가지다〕 〔운전면허증을〕 ─ driver's license

36 그녀는 에세이를 써.
〔그녀는〕 〔쓰다〕 〔에세이를〕 ─ essay

37 잭은 나를 알아.
〔잭은〕 〔알다〕 〔나를〕

38 그들은 커피숍에서 만나.
〔그들은〕 〔만나다〕 〔커피숍에서〕

39 탐은 먹는 것을 좋아해.
〔탐은〕 〔좋아하다〕 〔먹는 것을〕 ─ eating

40 그들은 낮잠을 자.
〔그들은〕 〔낮잠을 자다〕 ─ take a nap

41 그는 의사를 보러 가.
〔그는〕 〔의사를 보러가다〕 ─ go see a doctor

answer

24. 나는 그를 사랑해. **A** I love him.

25. 나의 남편은 너무 느리게 걸어. **A** My husband walks too slow.

26. 그는 그것이 필요해. **A** He needs it.

27. 그들은 그 이슈를 토론해. **A** They discuss the issue.

28. 앨리스는 맥을 믿어. **A** Alice trusts Mac.

29. 그녀가 그의 머리를 잘라. **A** She cuts his hair.

30. 그는 안경을 써. **A** He wears glasses.

31. 그는 공을 차. **A** He kicks a ball.

32. 나는 죽은 사람들을 봐. **A** I see dead people.

33. 그는 차를 운전하는 것을 좋아해. **A** He likes to drive a car.

34. 앨리스는 매일 아침 맥에게 키스를 해. **A** Alice kisses Mac every morning.

35. 그녀는 운전면허증이 있어. **A** She has a driver's license.

36. 그녀는 에세이를 써. **A** She writes an essay.

37. 잭은 나를 알아. **A** Jack knows me.

38. 그들은 커피숍에서 만나. **A** They meet at the coffee shop.

39. 탐은 먹는 것을 좋아해. **A** Tom likes eating.

40. 그들은 낮잠을 자. **A** They take a nap.

41. 그는 의사를 보러 가. **A** He goes see a doctor.

Unit 08

일반동사로 의문문 만들기

영어식 생각훈련 첫걸음!!

1단계

Unit 08 일반동사로 의문문 만들기

목표를 세우다

Do you like him?

너는 그를 좋아하니?

너는	좋아하니	그를?
	원하니	피자를?
	운전하니	차를?
	있니	남자친구가?
	아니	그녀의 이름을?

다섯번 입으로 말하기

be동사 문장을 의문문으로 바꿀 때는 단지 문장 요소의 순서를 바꾸기만 하면 됐었지요. 일반동사가 사용된 문장을 의문문으로 바꿀 때는 그와 다른 방법을 사용해야 합니다. 가령 '그것을 좋아해?', '그것을 알아?'라는 식의 질문을 하고 싶을 때 말이에요.

Do you	like	him?
	want	pizza?
	drive	a car?
	have	a boyfriend?
	know	her name?

2단계

Unit 08 일반동사로 의문문 만들기

원리를 이해하다

일반동사문장의 의문문을 만들 때 문장 맨 앞에 **do**동사를 추가해줍니다.

내가 알아?

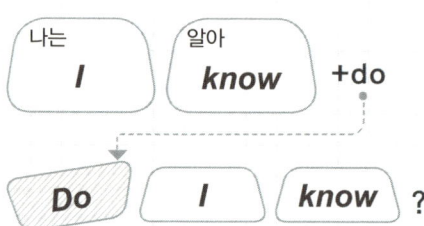

does

너도 나도 아닌 **다른 사람**(3인칭)에 대해 말할 땐 do 대신 **does**를 사용합니다.

> Do I know?
>
> Does he know?

일단 **does**를 사용하면 그 뒤에 오는 진짜 동사에는 s를 붙일 필요가 없어집니다. 따라서 꼭 s따위가 붙지 않은 **동사의 원형 그대로**를 사용해야 합니다.

> He knows.
>
> Does he know?

3단계

Unit 08 일반동사로 의문문 만들기

손으로 쓰다

Sample 그것은 빨리 자라니?

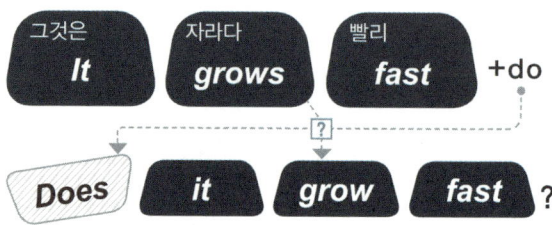

answer

01. Does she trust him?
02. Does he like it?

1 그녀는 그를 믿니?

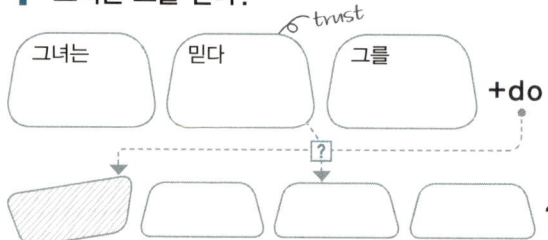

2 그는 그것을 좋아하니?

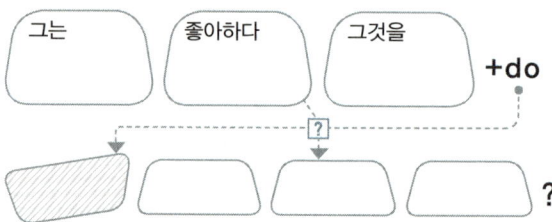

3 그것이 너를 귀찮게 하니?

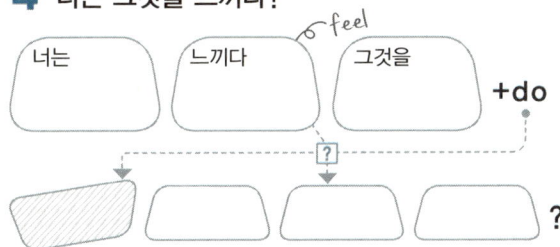

03. Does it bother you?
04. Do you feel it?
05. Do you worry about it?
06. Do you want to go on a picnic?

4 너는 그것을 느끼니?

5 너는 그것에 대해 걱정하니?

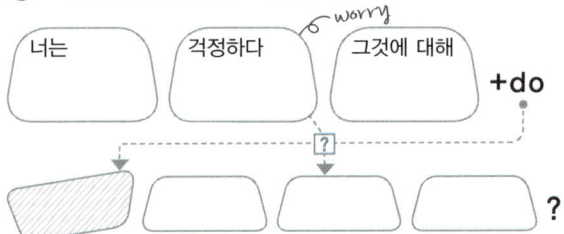

6 너는 피크닉을 가고 싶니?

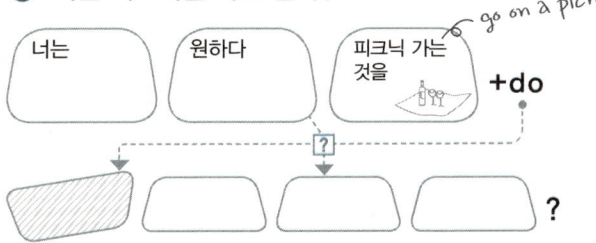

Unit 08 일반동사로 의문문 만들기

7 그는 정부를 위해 일하니?

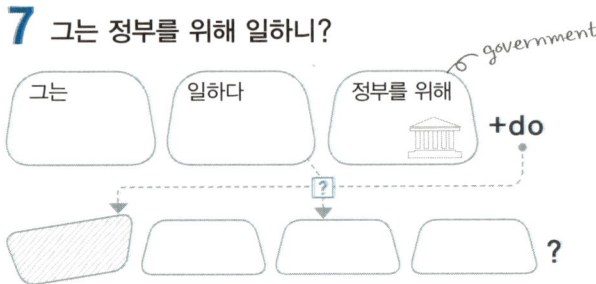

8 그들은 서울에 사니?

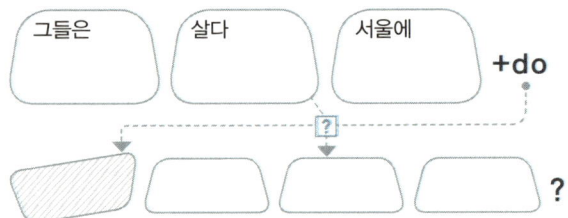

9 그녀는 남자친구가 있어?

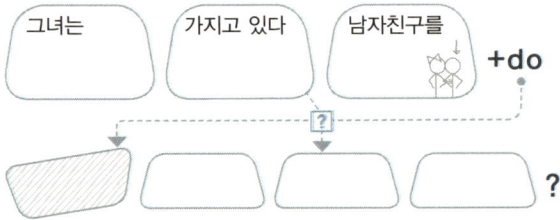

10 그녀는 중국어를 배워?

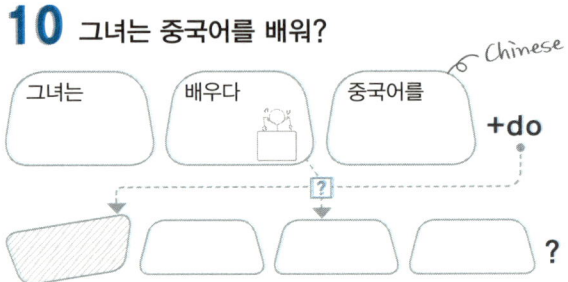

07. Does he work for the government?
08. Do they live in Seoul?
09. Does she have a boyfriend?
10. Does she learn Chinese?
11. Do you follow me?
12. Do they go swimming?
13. Do you have any meeting today?

11 너는 내 말 이해 하니?

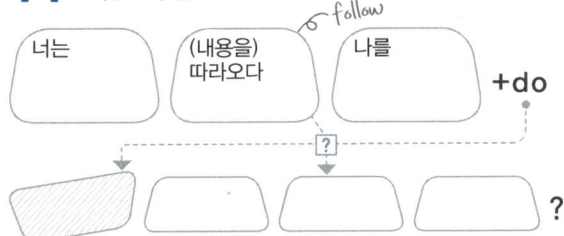

12 그들은 수영하러 가?

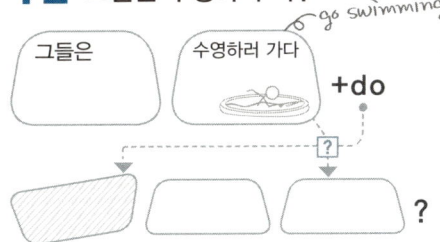

13 너는 오늘 미팅이 있니?

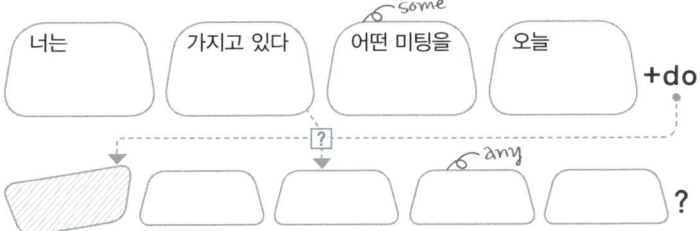

Unit 08 일반동사로 의문문 만들기

14 너 지금 가야만 하니?

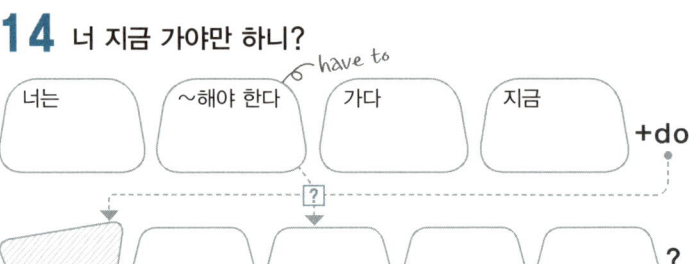

15 내가 널 어디선가 봤나?

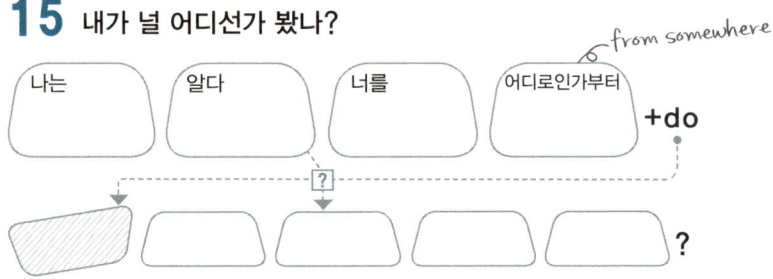

16 그들이 집을 직접 짓니?

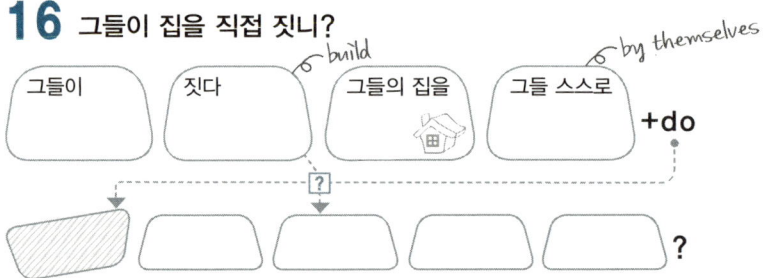

17 너는 그와 놀고 싶니?

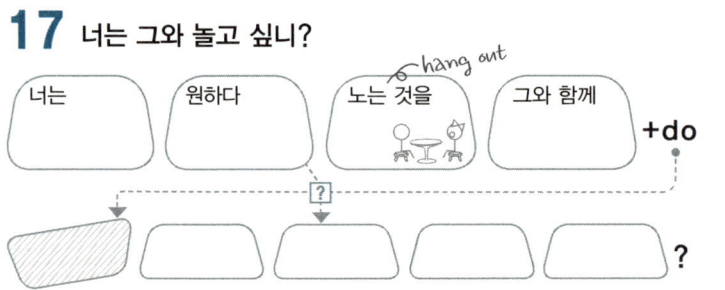

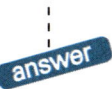

14. Do you have to go now?
15. Do I know you from somewhere?
16. Do they build their house by themselves?
17. Do you want to hang out with him?
18. Do you speak English?
19. Do you know that?
20. Do you think so?

18 너는 영어를 하니?

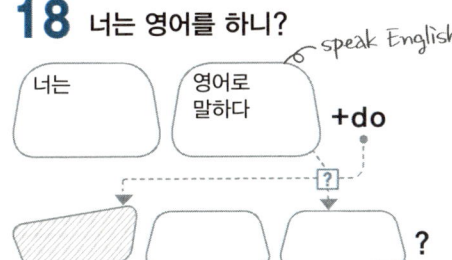

19 너 그거 아니?

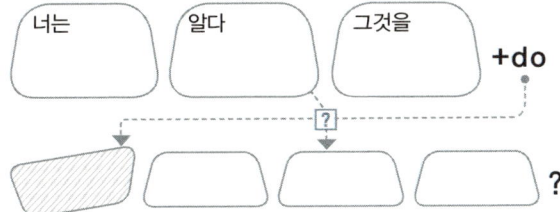

20 너는 그렇게 생각하니?

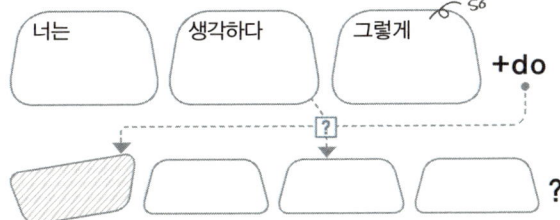

4단계

Unit 08 일반동사로 의문문 만들기

입으로 말하다

21 그는 청바지를 입어?   　그는 ｜ 입다 ｜ 청바지를 ｜ +do ?

22 너는 그것을 이해하니?   　너는 ｜ 이해하다 (understand) ｜ 그것을 ｜ +do ?

23 그가 나를 좋아해?   　그가 ｜ 좋아하다 ｜ 나를 ｜ +do ?

24 너의 아이들은 매일 싸우니?   　너의 아이들은 ｜ 싸우다 ｜ 매일 ｜ +do ?

25 너는 나에게 동의하니?   　너는 ｜ ~에 동의하다 (agree with) ｜ 나에게 ｜ +do ?

26 그는 집에 머물러있어?   　그는 ｜ 머물러 있다 (stay) ｜ 집에 (at home) ｜ +do ?

27 그녀는 모자를 쓰니?   　그녀는 ｜ 입다 ｜ 모자를 ｜ +do ?

28 너는 그것을 즐기니?   　너는 ｜ 즐기다 ｜ 그것을 ｜ +do ?

29 그녀는 좋은 취향을 가지고 있니?   　그녀는 ｜ 가지고 있다 ｜ 좋은 취향을 (a good taste) ｜ +do ?

다섯번 입으로 말하기 ✓ ☆ ☆ ☆ ☆

30 그는 매일 운동을 하니? | 그는 | 운동을 하다 (exercise) | 매일 | +do ?

31 앨리스는 맥을 좋아하니? | 앨리스는 | 좋아하다 | 맥을 | +do ?

32 그녀는 설거지를 하니? | 그녀는 | 설거지를 하다 (wash the dishes) | +do ?

33 너는 잠을 늦게 자니? | 너는 | 잠을 자다 | 늦게 | +do ?

34 그는 너에게 매일 키스를 하니? | 그는 | 키스를 하다 | 너에게 | 매일 | +do ?

35 그녀는 자매가 있니? | 그녀는 | 가지다 | 자매를 (sisters) | +do ?

36 그들은 신문을 읽니? | 그들은 | 읽다 | 신문을 | +do ?

37 그는 일찍 잠을 자니? | 그는 | 자다 | 일찍 (early) | +do ?

38 그것은 그에게 달렸니? | 그것은 | ~에 달리다 (depend on) | 그에게 | +do ?

answer

21. 그는 청바지를 입어?   　Does he wear jeans?

22. 너는 그것을 이해하니?   　Do you understand it?

23. 그가 나를 좋아해?   　Does he like me?

24. 너의 아이들은 매일 싸우니?   　Do your kids fight everyday?

25. 너는 나에게 동의하니?   　Do you agree with me?

26. 그는 집에 머물러있어?   　Does he stay at home?

27. 그녀는 모자를 쓰니?   　Does she wear a cap?

28. 너는 그것을 즐기니?   　Do you enjoy it?

29. 그녀는 좋은 취향을 가지고 있니?   　Does she have a good taste?

30. 그는 매일 운동을 하니?   　Does he exercise everyday?

31. 앨리스는 맥을 좋아하니?   　Does Alice like Mac?

32. 그녀는 설거지를 하니?   　Does she wash the dishes?

33. 너는 잠을 늦게 자니?   　Do you sleep late?

34. 그는 너에게 매일 키스를 하니?   　Does he kiss you everyday?

35. 그녀는 자매가 있니?   　Does she have sisters?

36. 그들은 신문을 읽니?   　Do they read a newspaper?

37. 그는 일찍 잠을 자니?   　Does he sleep early?

38. 그것은 그에게 달렸니?   　Does it depend on him?

Unit 09

일반동사로 부정문 & 부정의문문 만들기

영역식 생각훈련 첫걸음!

|1단계|

Unit 09 일반동사로 부정문 & 부정의문문 만들기

목표를 세우다

He doesn't study.

그는 공부하지 않아.

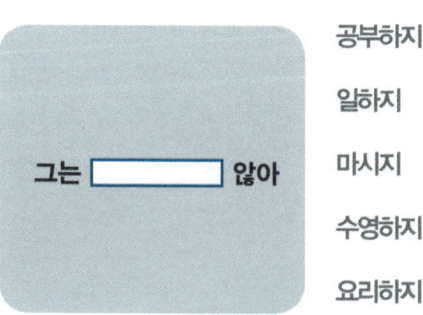

공부하지
일하지
마시지
수영하지
요리하지

다섯번 입으로 말하기 ✔☆☆☆☆

생일이라는 친구를 위해 요리를 해 주려고 합니다. 특별한 요리를 해 주려고 해산물을 잔뜩 사 왔는데, 이런. 그걸 본 누군가가 알려주는군요. "그는 해산물을 먹지 않아!" be동사 문장을 부정문으로 바꾸면 '무엇이 아니다'라는 의미가 되지요. 일반동사 역시 부정문의 형태로 사용할 수 있습니다. 어떤 행동을 '하지 않는다'라는 의미로요.

He doesn't study.
He doesn't work.
He doesn't drink.
He doesn't swim.
He doesn't cook.

2단계

Unit 09 일반동사로 부정문 & 부정의문문 만들기

원리를 이해하다

do not

일반동사의 부정문을 만들 땐 **do not**을 추가합니다.

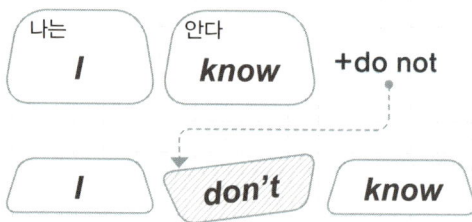

do not은 줄여서 **don't**라고도 사용합니다.

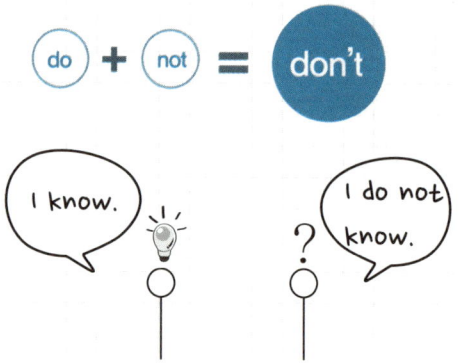

does not

너도 나도 아닌 **다른 사람**(3인칭)에 대해 말할 땐 do not 대신 does not을 사용합니다.

does not은 줄여서 doesn't라고도 사용합니다.

다른 사람 중에서도 여러 명(복수) 일 때는 does를 사용하지 않습니다. **딱 한 명(단수) 일 때만** does를 사용합니다.

They do not know.

She does not know.

일단 **does를 사용하면** 그 뒤에 오는 진짜 동사에는 s가 붙지 않은 동사의 원형 그대로를 사용합니다.

He loves me.

He does not love me.

3단계

Unit 09 일반동사로 부정문 & 부정의문문 만들기

손으로 쓰다

answer
01. We don't miss him.
02. They don't help me.

Sample 그는 그것에 대해 몰라.

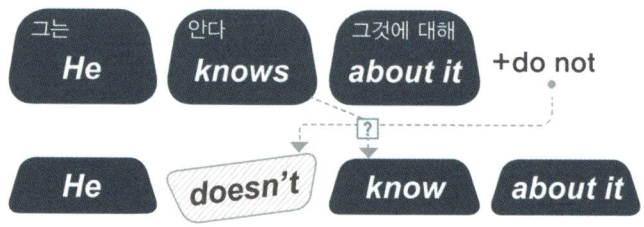

1 우리는 그를 그리워하지 않아.

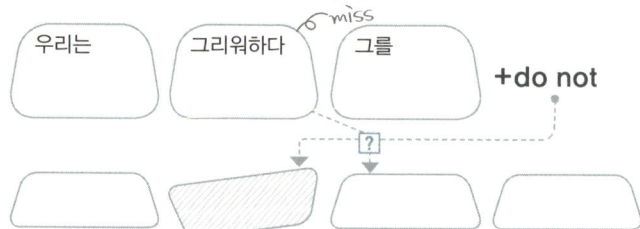

2 그들은 나를 도와주지 않아.

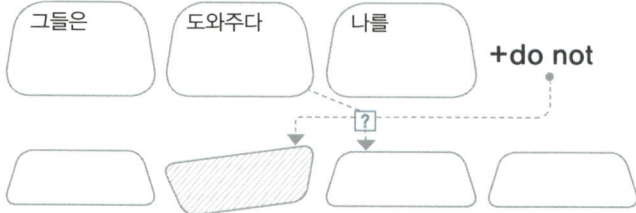

03. She doesn't drink milk.
04. We don't believe him.
05. He doesn't read books.
06. She doesn't like to talk.

3 그녀는 우유를 마시지 않아.

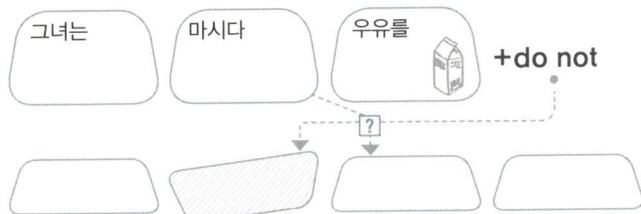

4 우리는 그를 믿지 않아.

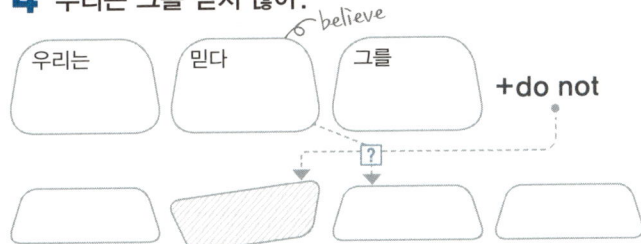

5 그는 책을 읽지 않아.

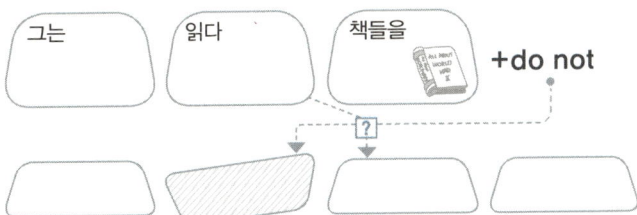

6 그녀는 말하는 것을 좋아하지 않아.

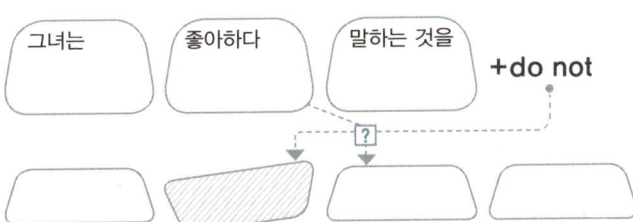

영어식생각훈련 첫걸음편 **135**

Unit 09 일반동사로 부정문 & 부정의문문 만들기

7 그는 그녀를 싫어하지 않아.

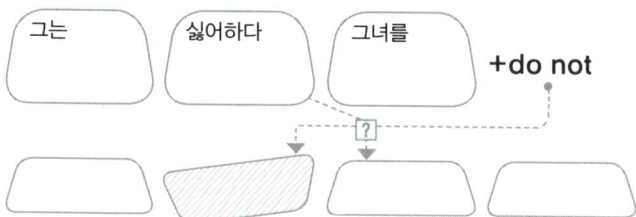

8 그녀는 집을 청소하지 않아.

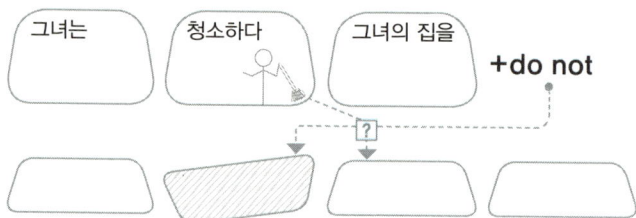

9 나는 그를 사랑하지 않아.

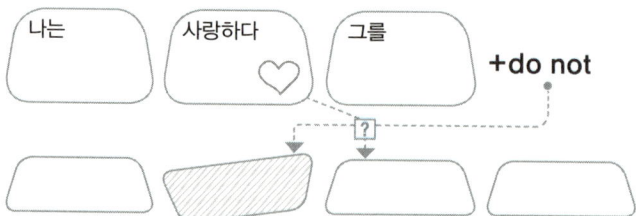

10 그들은 일하러 가지 않아.

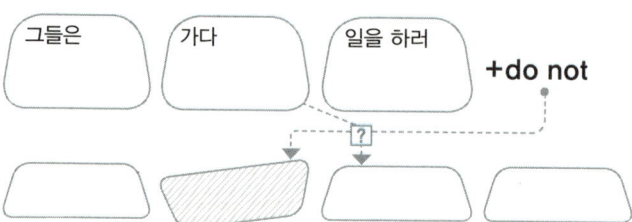

07. He doesn't hate her.
08. She doesn't clean her house.
09. I don't love him.
10. They don't go to work.
11. She doesn't understand about it.
12. We don't hold a party.
13. It doesn't work.

11 그녀는 그것에 대해 이해하지 못해.

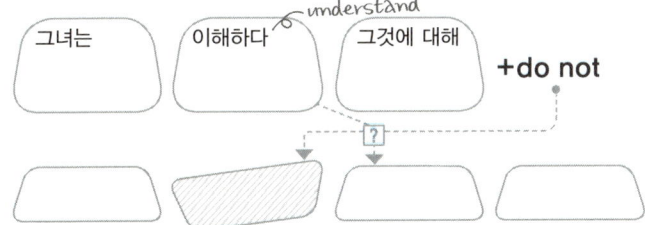

12 우리는 파티를 열지 않아.

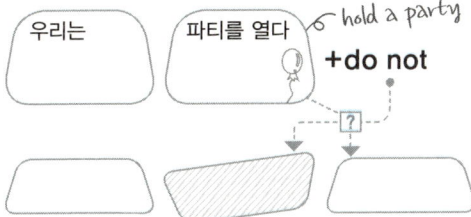

13 그것은 작동하지 않아.

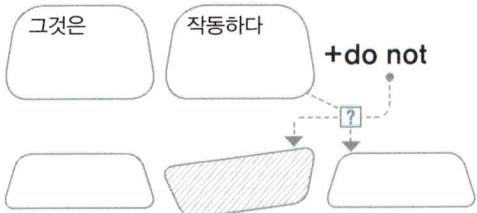

Unit 09 일반동사로 부정문 & 부정의문문 만들기

14 나의 아빠는 운동을 하지 않아.

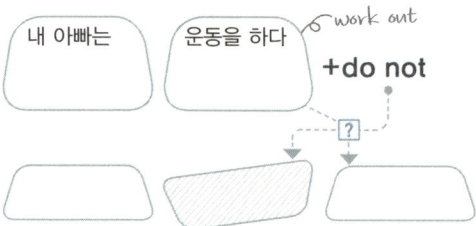

15 그는 샤워를 하지 않아.

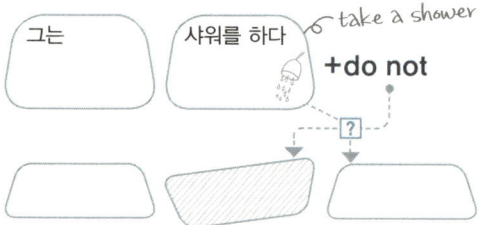

16 그녀는 주문을 하지 않아.

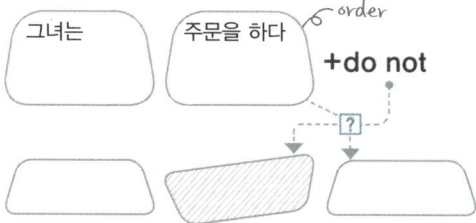

17 그는 자전거를 타지 않아.

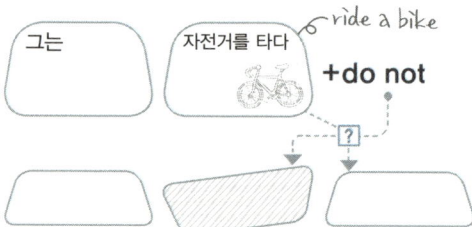

14. My father doesn't work out.
15. He doesn't take a shower.
16. She doesn't order.
17. He doesn't ride a bike.
18. We don't memorize it.
19. Tom doesn't have a car.
20. He doesn't smoke.

18 우리는 그것을 기억하고 있지 않아.

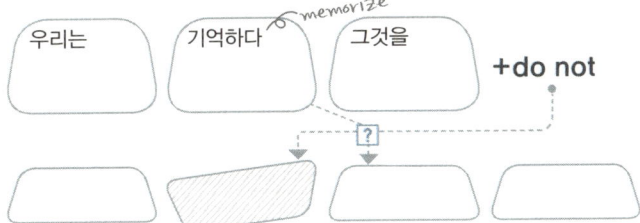

19 탐은 차를 가지고 있지 않아.

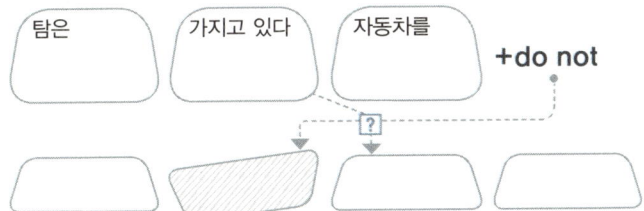

20 그는 담배를 피우지 않아.

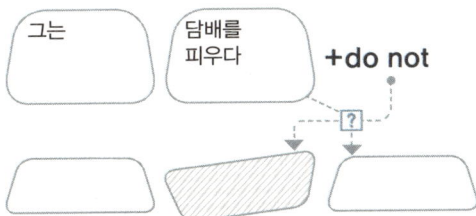

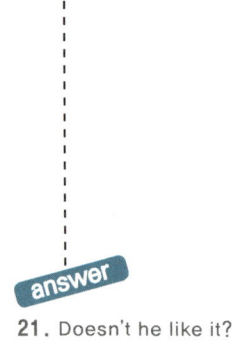

21. Doesn't he like it?

Sample 그녀는 그걸 알지 않아?

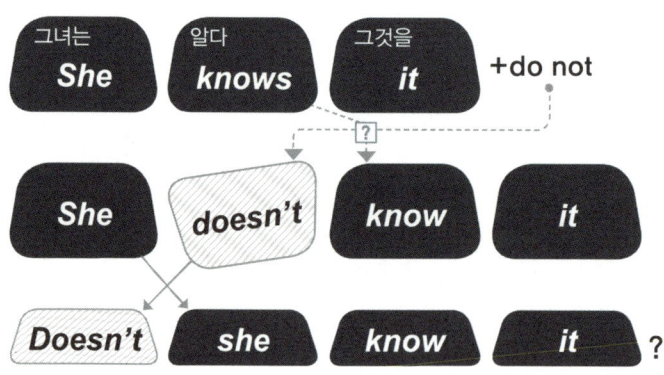

21 그는 그걸 좋아하지 않아?

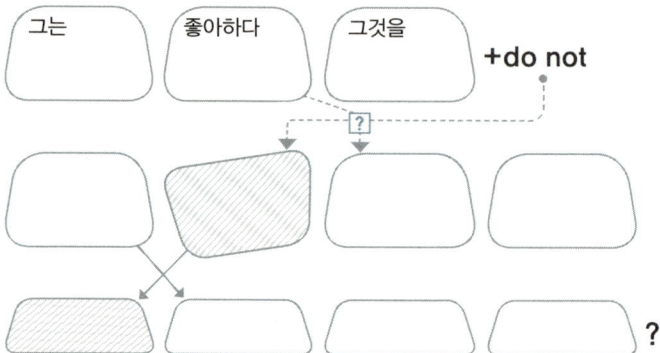

22. Don't you love him?
23. Don't you agree with it?

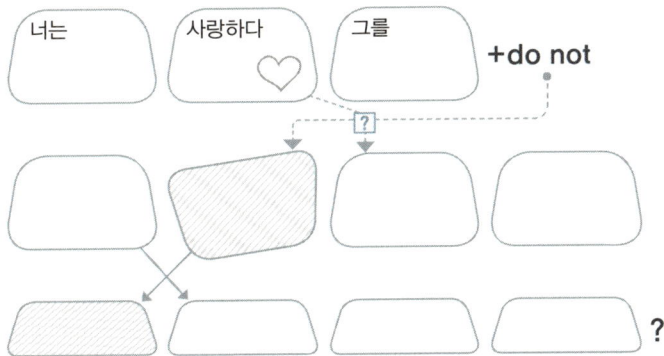

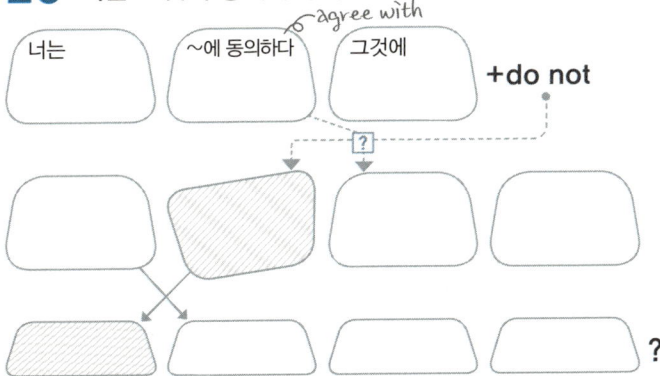

4단계

Unit 09 일반동사로 부정문 & 부정의문문 만들기

입으로 말하다

24 나는 그녀를 신뢰하지 않아. [나는] [신뢰하다] [그녀를] +do not

25 나는 컴퓨터 게임을 하지 않아. [나는] [(게임)하다] [컴퓨터 게임을] +do not

26 그는 안경을 쓰지 않아. [그는] [입다] [안경을] +do not

27 나는 바닥에 앉지 않아. [나는] [앉다] [바닥에 ~floor] +do not

28 우리는 그것이 필요하지 않아. [우리는] [필요로 하다] [그것을] +do not

29 우리는 일찍 일어나지 않아. [우리는] [일어나다 ~get up] [일찍] +do not

30 우리는 밖에 나가지 않아. [우리는] [나가다] [밖에] +do not

31 그녀는 은행에서 일하지 않아. [그녀는] [일하다] [은행에서] +do not

32 우리는 커피를 마시지 않아. [우리는] [마시다] [커피를] +do not

다섯번 입으로 말하기 ⭐⭐⭐⭐⭐

33 그녀는 해산물을 먹지 않아. (그녀는) (먹다) (해산물을) +do not

34 그는 수학공부를 하지 않아. (그는) (공부하다) (수학을) +do not

35 그는 회의에 참석하지 않아. (그는) (참석하다 ~attend) (그 회의를 ~conference) +do not

36 그는 LA에 살지 않아. (그는) (살다) (LA에) +do not

37 그녀는 남자친구가 없어. (그녀는) (가지고 있다) (남자친구를) +do not

38 우리는 비행기를 타지 않아. (우리는) (타다 ~take) (비행기를) +do not

39 너는 그를 좋아하지 않니? (너는) (좋아하다) (그를) +do not ?

40 너 그에게 물어봐야 하는 거 아니야? (너는) (필요하다) (물어보는 것이) (그에게) +do not ?

41 그들은 우리에게 합류하고 싶어 하지 않아? (그들은) (원하다) (합류하는 것을 ~join) (우리에게) +do not ?

answer

24. 나는 그녀를 신뢰하지 않아.   **A** I don't trust her.

25. 나는 컴퓨터 게임을 하지 않아.   **A** I don't play computer games.

26. 그는 안경을 쓰지 않아.   **A** He doesn't wear glasses.

27. 나는 바닥에 앉지 않아.   **A** I don't sit on the floor.

28. 우리는 그것이 필요하지 않아.   **A** We don't need it.

29. 우리는 일찍 일어나지 않아.   **A** We don't get up early.

30. 우리는 밖에 나가지 않아.   **A** We don't go out.

31. 그녀는 은행에서 일하지 않아.   **A** She doesn't work in a bank.

32. 우리는 커피를 마시지 않아.   **A** We don't drink coffee.

33. 그녀는 해산물을 먹지 않아.   **A** She doesn't eat seafood.

34. 그는 수학공부를 하지 않아.   **A** He doesn't study math.

35. 그는 회의에 참석하지 않아.   **A** He doesn't attend the conference.

36. 그는 LA에 살지 않아.   **A** He doesn't live in LA.

37. 그녀는 남자친구가 없어.   **A** She doesn't have a boyfriend.

38. 우리는 비행기를 타지 않아.   **A** We don't take an airplane.

39. 너는 그를 좋아하지 않니?   **A** Don't you like him?

40. 너 그에게 물어봐야 하는 거 아니야?   **A** Don't you need to ask him?

41. 그들은 우리에게 합류하고 싶어 하지 않아?   **A** Don't they want to join us?

Unit 10
일반동사의 과거형 문장만들기

영역식 생각훈련 첫걸음!!

1단계

Unit 10 일반동사의 과거형 문장 만들기

목표를 세우다

I liked it.

나는 그것을 좋아했어.

나는

좋아했어
보았어
알고 있었어
입었어
그렸어

그것을.

다섯번 입으로 말하기 ✔☆☆☆☆

이제 막 잠에서 깬 동생이, 거실로 가 보더니 깜짝 놀라는군요. TV가 완전히 망가져 있다고요. 무슨 일이 일어났는지 전혀 기억을 못 하는 것 같네요. 어젯밤 잔뜩 취한 채로 들어와, 자기가 직접 TV를 번쩍 들어 바닥에 던져버렸다는 것을 말이에요. 어떤 대상이 지나간 과거에 했던 일에 대해서 말하려고 합니다. 그는 그것을 '했었어'라고요. 그럴 때는 일반동사를 '과거형'으로 바꾸어 문장에 사용하면 됩니다.

2단계

Unit 10 일반동사의 과거형 문장 만들기

원리를 이해하다

과거형 문장을 만들 땐 동사 끝에 **ed**를 붙여줍니다.

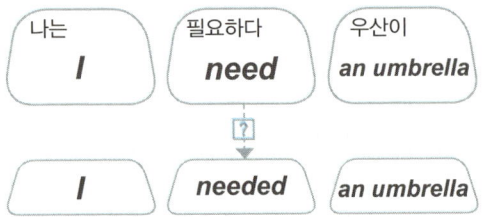

그런데 이미 e로 끝나는 동사는 어떻게 할까요?

love

e는 이미 있으니 d만 붙여줍니다.

I love you. (나는 너를 사랑해.)
I loved you. (나는 너를 사랑했어.)

그리고 y로 끝나는 동사들의 경우엔 y를 i로 바꾼 후 ed를 붙여줍니다.

이와 같은 동사들을 '규칙변화 동사'라고 부릅니다.
반면 ed를 이용하지 않고 아무렇게나 변화하는 동사들이 있으니
이들은 '불규칙 동사'라고 부릅니다.

I need an umbrella.   I needed an umbrella.

규칙변화동사들

love	▶ loved	(사랑한다, 사랑했다)
need	▶ needed	(필요하다, 필요했다)
study	▶ studied	(공부한다, 공부했다)
finish	▶ finished	(끝마치다, 끝마쳤다)

불규칙변화동사들

go	▶ went	(가다, 갔다)
eat	▶ ate	(먹다, 먹었다)
run	▶ ran	(달리다, 달렸다)
do	▶ did	(하다, 했다)
am/is	▶ was	(~이다, ~이었다)
are	▶ were	(~이다, ~이었다)
know	▶ knew	(안다, 알았다)

3단계

Unit 10 일반동사의 과거형 문장 만들기

손으로 쓰다

Sample 나는 잠을 자려고 노력했어.

answer
01. I joined the club.
02. She cut her nails.
03. My cat broke the vase.

1 나는 클럽에 가입했어.

2 그녀는 그녀의 손톱을 잘랐어.

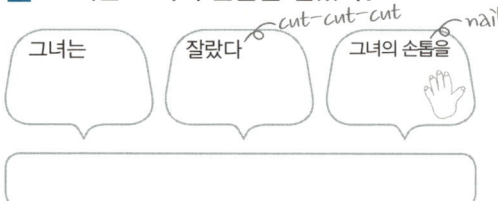

3 나의 고양이는 화분을 깨뜨렸어.

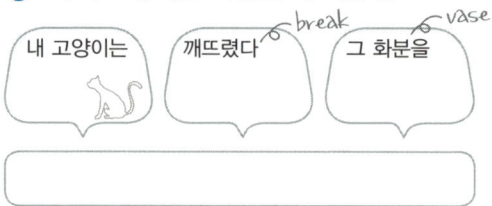

4 우리는 게임에서 졌어.

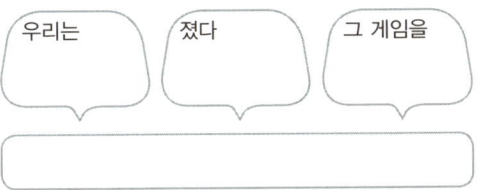

5 그는 그녀와 점심을 먹었어.

answer

04. We lost the game.
05. He had lunch with her.
06. She opened a small boutique.
07. He supported my idea.

6 그녀는 조그만 부티크를 열었어.

7 그는 나의 생각을 지지해주었어.

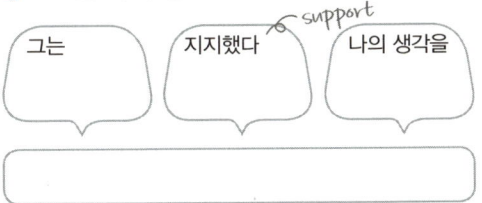

Unit 10 일반동사의 과거형 문장 만들기

8 그녀는 그 버튼을 눌렀어.

9 그녀는 패션센스가 있었어.

10 그들은 게임에서 이겼어.

11 그녀는 우리에게 많은 충고를 했어.

answer

08. She pushed the button.
09. She had an eye for fashion.
10. They won the game.
11. She gave us a lot of advice.

12. I called Tom yesterday.
13. We did everything by ourselves.
14. He bothered me a lot.
15. She missed the bus in the morning.

12 나는 어제 탐에게 전화를 했어.

13 우리는 모든 것을 우리가 스스로 했어.

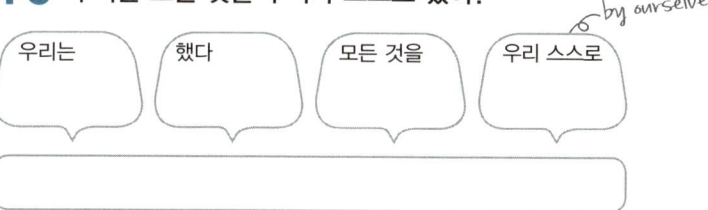

14 그는 나를 많이 괴롭혔어.

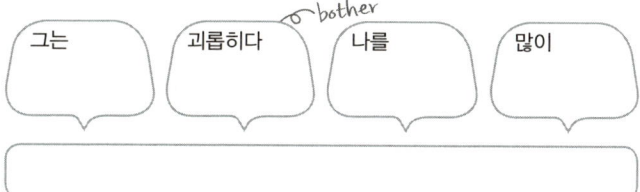

15 그녀는 아침에 버스를 놓쳤어.

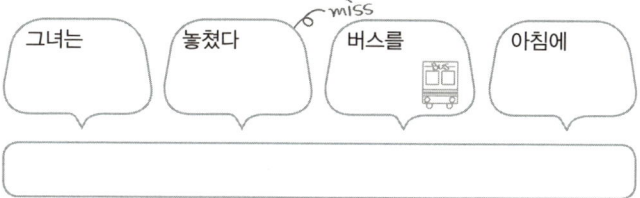

Unit 10 일반동사의 과거형 문장 만들기

16. He told me about his trip.
17. My boyfriend bought it for my birthday.
18. We had a better idea.
19. We messed up.

16 그는 나에게 그의 여행에 대해 말했어.

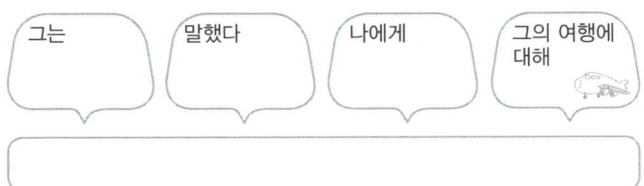

17 내 남자친구는 내 생일에 그것을 사 주었어.

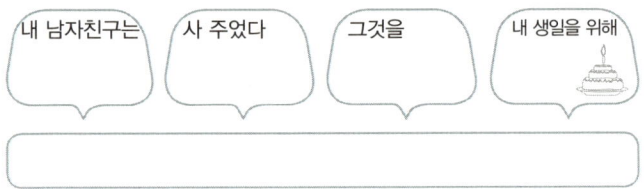

18 우리는 더 좋은 아이디어를 가지고 있었어.

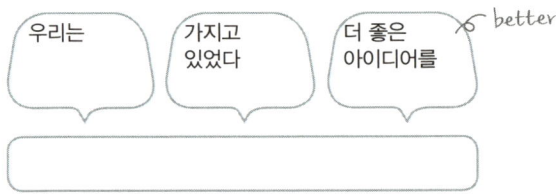

19 우리는 망쳤어.

20. They tried to solve the problem.
21. She quit the job.
22. I did my best.
23. My boss asked me a question.

20 그들은 그 문제를 해결하려고 노력했어.

21 그녀는 일을 그만 두었어.

22 나는 최선을 다했어.

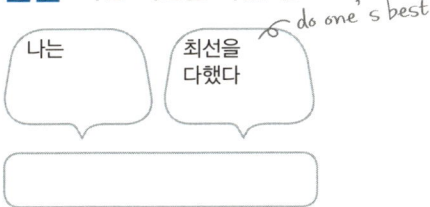

23 나의 상사는 나에게 질문을 했어.

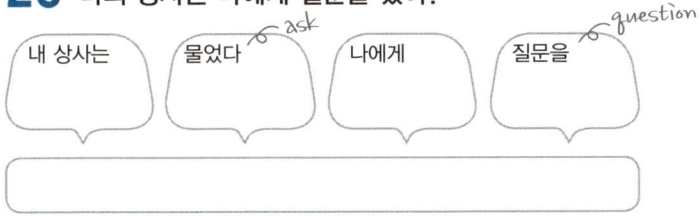

4단계

Unit 10 일반동사의 과거형 문장 만들기

입으로 말하다

24 탐은 중국어를 배웠어.　[탐은] [배웠다] [중국어를]

25 나는 최신 자전거를 샀어.　[나는] [샀다] [최신 자전거를] ○ brand-new

26 그는 그의 강아지를 안아 주었어.　[그는] [안았다] [그의 강아지를]

27 그녀는 그녀의 친구를 만났어.　[그녀는] [만났다] [그녀의 친구를]

28 그는 실수를 했어.　[그는] [실수를 했다] ○ make a mistake

29 나는 열쇠를 잊었어.　[나는] [잊었다] [열쇠를]

30 그는 많이 울었어.　[그는] [울었다] [많이]

31 우리는 그들을 위해 기도했어.　[우리는] [기도했다] [그들을 위해] ○ pray

32 우리는 모든 박스를 운반했어.　[우리는] [운반했다] [모든 박스를] ○ carry

다섯번 입으로 말하기 ✓ ☆ ☆ ☆ ☆

33 나는 아침에 늦게 일어났어. [나는] [일어났다] [늦게] [아침에] ─ in the morning

34 제니가 그것을 찾았어. [제니는] [찾았다] [그것을]

35 그는 차를 고쳤어. [그는] [고쳤다 ─ fix] [그 차를]

36 나는 강아지에게 먹이를 주었어. [나는] [밥을 먹였다 ─ feed] [내 강아지를]

37 나는 그녀를 용서했어. [나는] [용서했다] [그녀를]

38 나는 모든 돈을 써버렸어. [나는] [(돈을) 썼다 ─ spend] [모든 돈을]

39 그녀는 탐에게 상처를 주었어. [그녀는] [다치게 했다] [탐을]

40 정부는 정책을 바꿨어. [정부는 ─ government] [바꾸었다] [정책을 ─ policy]

41 나는 어떤 것을 봤어. [나는] [보았다] [어떤 것을]

answer

24. 탐은 중국어를 배웠어. 🅐 Tom learned Chinese.

25. 나는 최신 자전거를 샀어. 🅐 I bought a brand-new bike.

26. 그는 그의 강아지를 안아주었어. 🅐 He hugged his puppy.

27. 그녀는 그녀의 친구를 만났어. 🅐 She met her friend.

28. 그는 실수를 했어. 🅐 He made a mistake.

29. 나는 열쇠를 잊었어. 🅐 I forgot the key.

30. 그는 많이 울었어. 🅐 He cried a lot.

31. 우리는 그들을 위해 기도했어. 🅐 We prayed for them.

32. 우리는 모든 박스를 운반했어. 🅐 We carried all the boxes.

33. 나는 아침에 늦게 일어났어. 🅐 I got up late in the morning.

34. 제니가 그것을 찾았어. 🅐 Jenny found it.

35. 그는 차를 고쳤어. 🅐 He fixed the car.

36. 나는 강아지에게 먹이를 주었어. 🅐 I fed my dog.

37. 나는 그녀를 용서했어. 🅐 I forgave her.

38. 나는 모든 돈을 써버렸어. 🅐 I spent all the money.

39. 그녀는 탐에게 상처를 주었어. 🅐 She hurt Tom.

40. 정부는 정책을 바꿨어. 🅐 The government changed the policy.

41. 나는 어떤 것을 봤어. 🅐 I saw something.

Unit 11

일반동사의 과거형으로 의문문 만들기

영어식 생각훈련 첫걸음!!

1단계

Unit 11 일반동사의 과거형으로 의문문 만들기

목표를 세우다

Did you do that?

너는 저것을 했니?

너는 [ ] 했니?

그것을 하다
그 곳에 가다
그 것을 읽다
그를 찾다
뉴스를 듣다

다섯번 입으로 말하기 ✓ ☆ ☆ ☆ ☆

어제 TV에서 친구가 가장 좋아하는 영화배우의 인터뷰가 방영되었었습니다. 친구도 그걸 봤는지 모르겠네요. '너 그거 봤었어?'라고 물어보려고 합니다. 그처럼 과거에 있었던 어떤 행동에 대해서, 그것을 했느냐고 물어보는 방법에 대해서 알아보겠습니다. 즉, 일반동사 과거형을 의문문의 형태로 사용하는 방법에 대해서요.

Did you	do that?
	go there?
	read it?
	find him?
	hear the news?

2단계

Unit 11 일반동사의 과거형으로 의문문 만들기

원리를 이해하다

do 일반동사문장의 의문문을 만들 땐 문장 맨 앞에 **do동사**를 추가해줍니다.

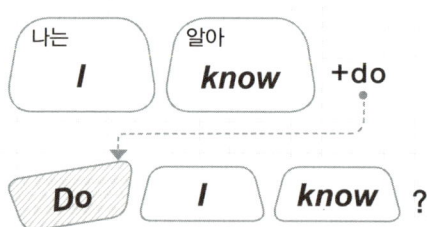

하지만 이러한 의문문이 과거형일 경우 do 대신 did를 사용합니다. 물론 동사는 원형을 사용합니다. 왜냐하면 did를 이용해 이미 과거임을 나타냈기 때문입니다.

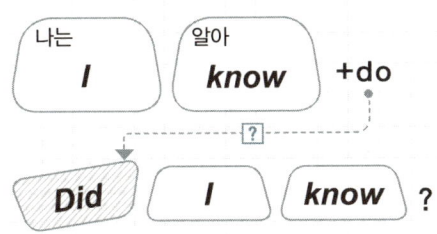

3단계

Unit 11 일반동사의 과거형으로 의문문 만들기

손으로 쓰다

Sample 그녀는 그곳을 방문했어?

answer
01. Did you live in LA?
02. Did you play with him?

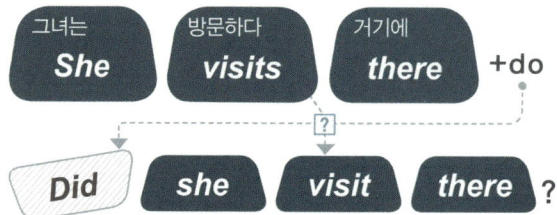

1 너는 LA에 살았니?

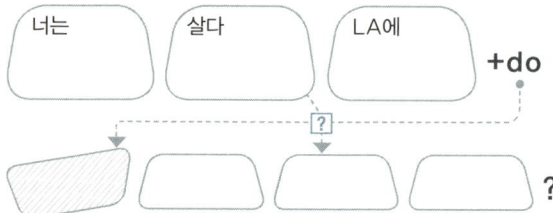

2 너는 그와 함께 놀았니?

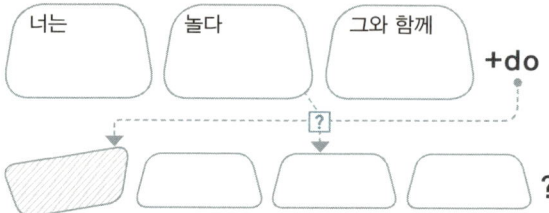

3 너는 너의 일을 끝냈어?

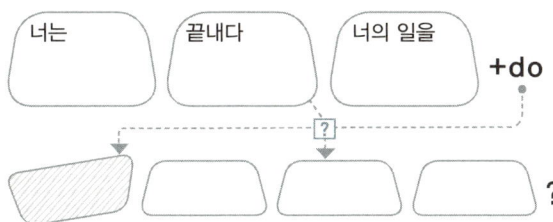

03. Did you finish your work?
04. Did he work for the company?
05. Did they start the project?
06. Did you do well on your presentation?

4 그는 그 회사에서 일했니?

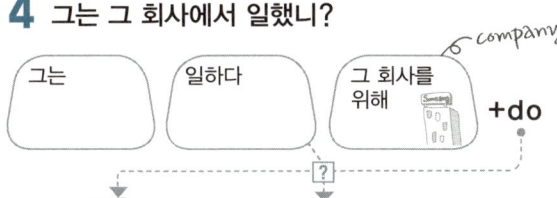

5 그들은 그 프로젝트를 시작했어?

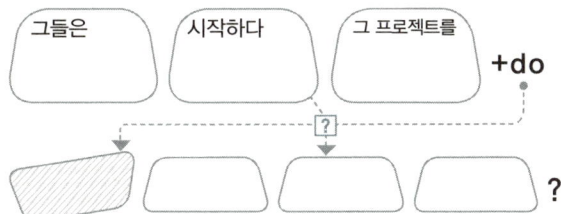

6 너는 발표를 잘했니?

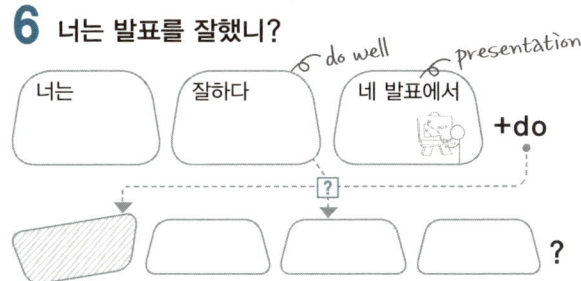

Unit 11 일반동사의 과거형으로 의문문 만들기

7 그는 은행에서 일했었니?

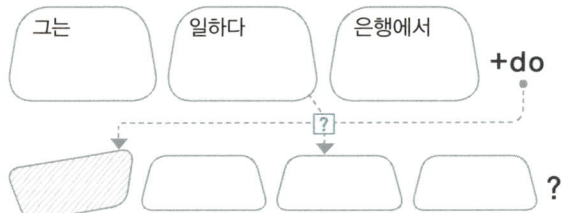

8 그는 시험 준비를 했어?

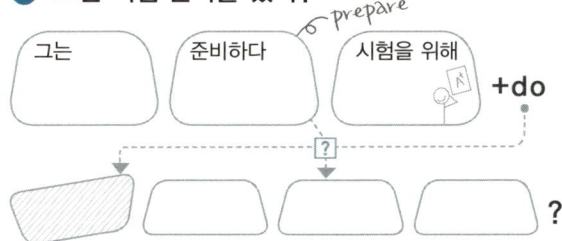

9 그는 계약서에 서명을 했니?

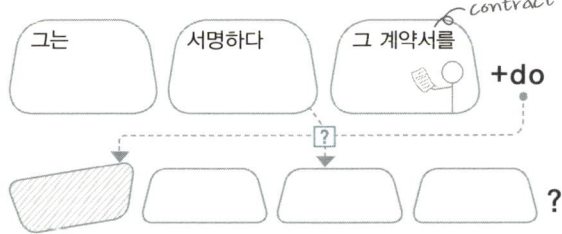

10 그녀는 그에게 전화를 했니?

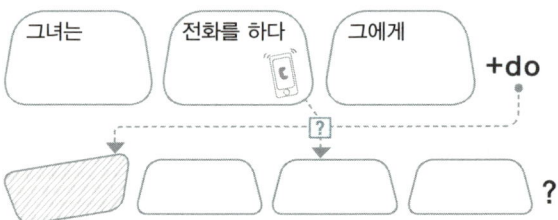

07. Did he work in a bank?
08. Did he prepare for the exam?
09. Did he sign the contract?
10. Did she call him?
11. Did she go out with him?
12. Did you take a taxi?
13. Did he get better?

11 그녀는 그와 데이트를 했니?

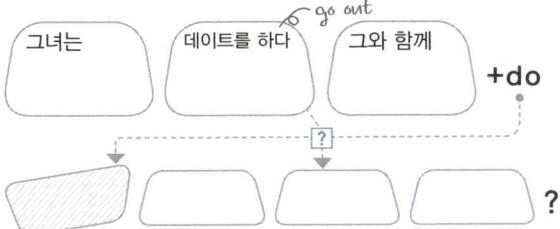

12 너는 택시를 탔니?

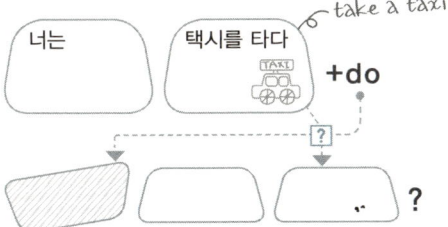

13 그는 몸이 괜찮아졌니?

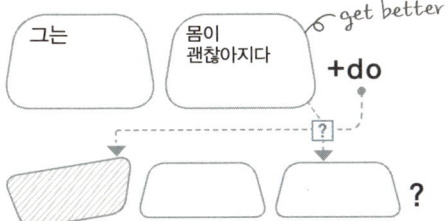

Unit 11 일반동사의 과거형으로 의문문 만들기

14 너는 최선을 다했니?

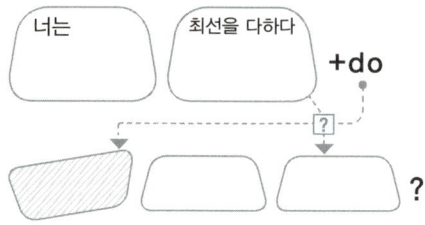

answer

14. Did you do your best?
15. Did you have dinner with them?
16. Did she go there by walk?
17. Did she want to hang out with us?

15 너는 그들과 함께 저녁 식사를 했니?

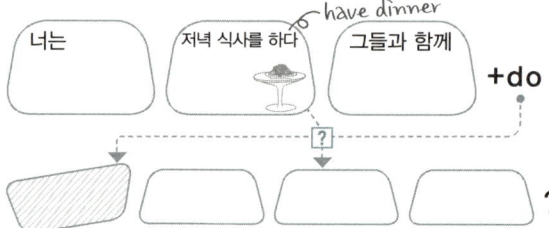

16 그녀는 거기에 걸어서 갔니?

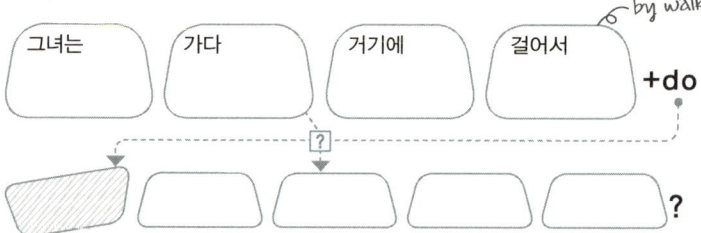

17 그녀는 우리와 놀고 싶어 했니?

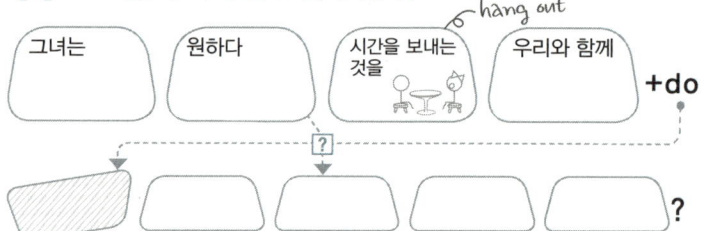

18. Did they make a decision?
19. Did she tell you about the issue?
20. Did you make an appointment with him?

18 그들은 결정을 내렸니?

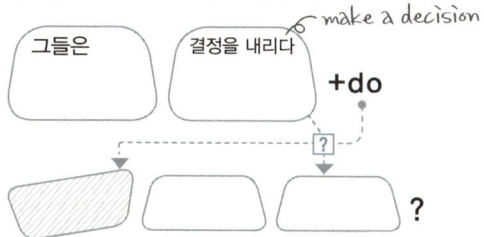

19 그녀는 너에게 그 이슈에 대해 말했니?

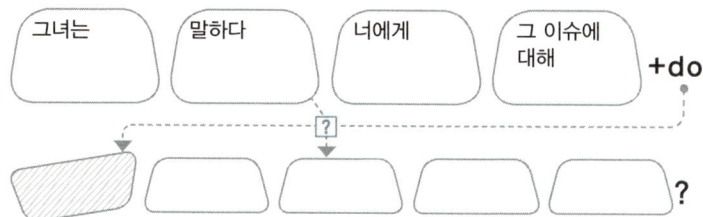

20 너는 그와 약속을 잡았니?

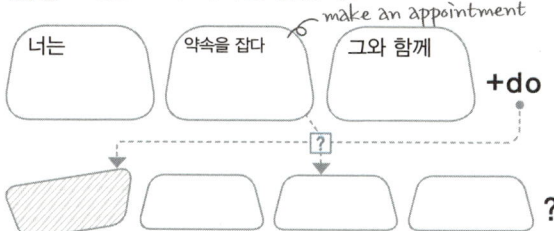

4단계

Unit 11 일반동사의 과거형으로 의문문 만들기

입으로 말하다

21 그는 그것을 언급했니? 그는 / 언급하다 / 그것을 / +did ?

22 그들은 중국어를 배웠니? 그들은 / 배우다 / 중국어를 / +did ?

23 어제 우리 엄마가 나를 봤니? 나의 엄마 / 보다 / 나를 / 어제 / +did ?

24 그녀는 그 영화를 보았어? 그녀는 / 보다 / 그 영화를 / +did ?

25 그는 시험을 보았니? 그는 / 시험을 보다 (take the test) / +did ?

26 그녀는 돈을 저축했니? 그녀는 / 저금하다 / 돈을 좀 / +did ?

27 너는 어젯밤에 집에 머물렀니? 너는 / 머무르다 (stay) / 집에 / 어젯밤에 (last night) / +did ?

28 그녀는 시험에 합격했니? 그녀는 / 통과하다 (pass) / 그 시험을 / +did ?

29 너는 버스를 놓쳤니? 너는 / 놓치다 / 그 버스를 / +did ?

다섯번 입으로 말하기 ☑ ☆ ☆ ☆ ☆

30 너는 어제 술을 마셨니? [너는] [술을 마시다 (drink)] [어제] **+did ?**

31 그는 논문을 제출했어? [그는] [제출하다 (turn in)] [그의 논문을] **+did ?**

32 그는 그것을 지불했니? [그는] [지불하다] [그것을 위해] **+did ?**

33 그녀가 그 비밀을 말했니? [그녀는] [말하다] [그 비밀을] **+did ?**

34 너는 재미있었니? [너는] [재미있는 시간을 보내다 (have fun)] **+did ?**

35 그녀는 좋은 점수를 받았니? [그녀는] [획득하다 (get)] [좋은 점수를] **+did ?**

36 그들은 어젯밤에 운동을 했어? [그들은] [운동을 하다 (work out)] [어젯밤에] **+did ?**

37 파티를 즐겼니? [너는] [즐기다] [파티를] **+did ?**

38 너는 이것을 시도해 보았니? [너는] [시도하다] [이것을] **+did ?**

answer

21. 그는 그것을 언급했니?	A	Did he mention it?
22. 그들은 중국어를 배웠니?	A	Did they learn Chinese?
23. 어제 우리 엄마가 나를 봤니?	A	Did my mom see me yesterday?
24. 그녀는 그 영화를 보았어?	A	Did she watch the movie?
25. 그는 시험을 보았니?	A	Did he take the test?
26. 그녀는 돈을 저축했니?	A	Did she save some money?
27. 너는 어젯밤에 집에 머물렀니?	A	Did you stay at home last night?
28. 그녀는 시험에 합격했니?	A	Did she pass the exam?
29. 너는 버스를 놓쳤니?	A	Did you miss the bus?
30. 너는 어제 술을 마셨니?	A	Did you drink yesterday?
31. 그는 논문을 제출했어?	A	Did he turn in his paper?
32. 그는 그것을 지불했니?	A	Did he pay for it?
33. 그녀가 그 비밀을 말했니?	A	Did she tell the secret?
34. 너는 재미있었니?	A	Did you have fun?
35. 그녀는 좋은 점수를 받았니?	A	Did she get a good score?
36. 그들은 어젯밤에 운동을 했어?	A	Did they work out last night?
37. 파티를 즐겼니?	A	Did you enjoy the party?
38. 너는 이것을 시도해 보았니?	A	Did you try this?

Unit 12
일반동사의 과거형으로 부정문 만들기

영역식 생각훈련 첫걸음!!

|단계| 목표를 세우다

Unit 12 일반동사의 과거형으로 부정문 만들기

We didn't go home.
우리는 집에 가지 않았어.

우리는 □ 하지 않았어.

집에 가지
그를 돕지
그것을 요리하지
창문을 깨지
문을 잠그지

다섯번 입으로 말하기 ✓☆☆☆☆

과거에 했던 어떤 행동을 하지 않았음을 말하려고 합니다. 즉 과거의 행동에 대해서 부정하려고 하는 것이지요. 그는 그것을 '하지 않았어' 라고요. 일반동사가 과거형으로 쓰인 문장을 다시 '부정문'으로 바꾸려고 할 때는 어떻게 하면 될까요.

We didn't
go home.
help him.
cook it.
break the window.
lock the door.

2단계

Unit 12 일반동사의 과거형으로 부정문 만들기

원리를 이해하다

do not

일반동사의 부정문을 만들 땐 do not을 추가합니다.

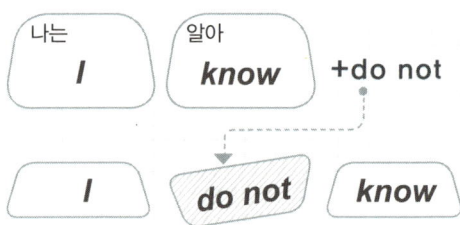

did not

하지만 이러한 부정문이 과거형일 경우
do not 대신 did not을 사용합니다. 물론 동사는 원형을 사용합니다.
왜냐하면 did를 이용해 이미 과거임을 나타냈기 때문입니다.

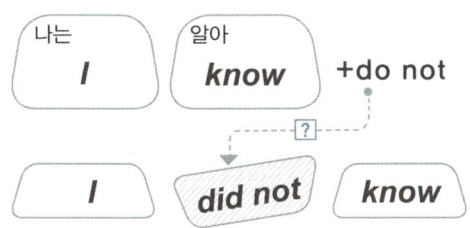

did not은 줄여서 didn't라고도 사용합니다.

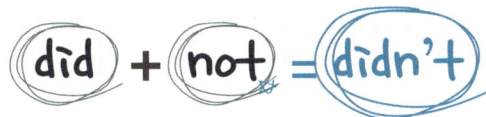

3단계

Unit 12 일반동사의 과거형으로 부정문 만들기

손으로 쓰다

Sample 그는 그런 의미가 아니었어.

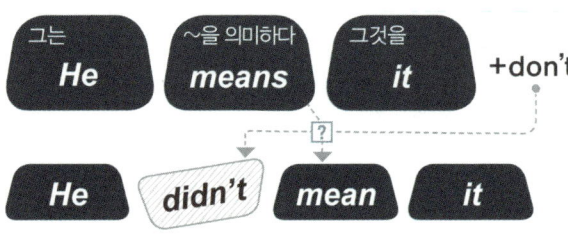

1 그녀는 나의 주문을 받지 않았어.

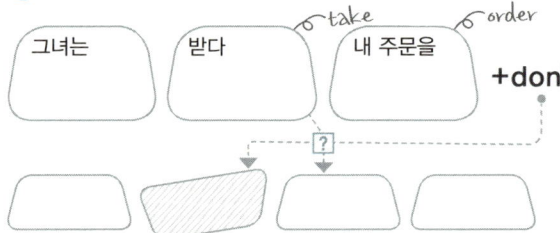

2 나는 너의 요점을 이해하지 못했어.

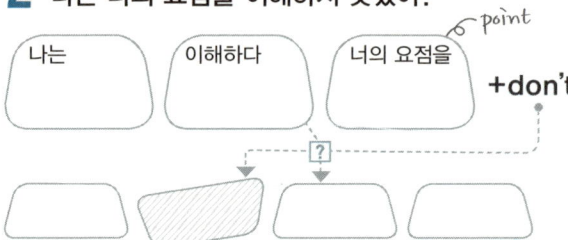

answer

01. She didn't take my order.
02. I didn't understand your point.

03. He didn't trust me.
04. She didn't wash her hands.
05. He didn't break it.
06. I didn't save any money.

3 그는 나를 믿지 않았어.

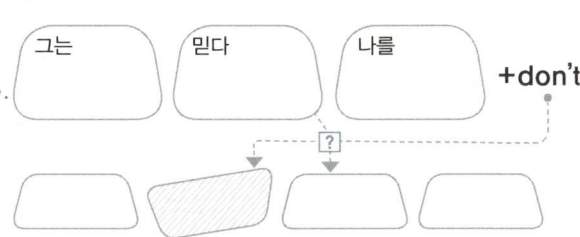

4 그녀는 손을 씻지 않았어.

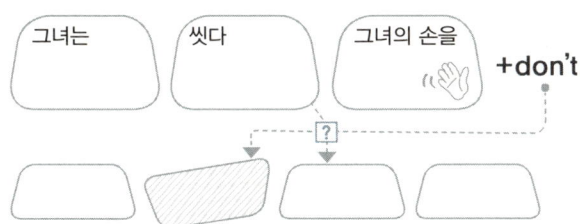

5 그는 그것을 망가트리지 않았어.

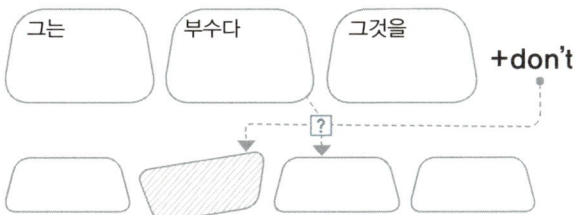

6 나는 돈을 하나도 저축하지 않았어.

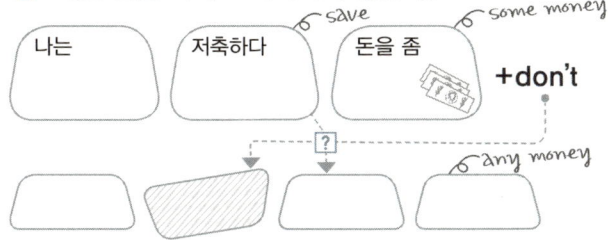

Unit 12 일반동사의 과거형으로 부정문 만들기

7 우리는 그것을 토론하지 않았어.

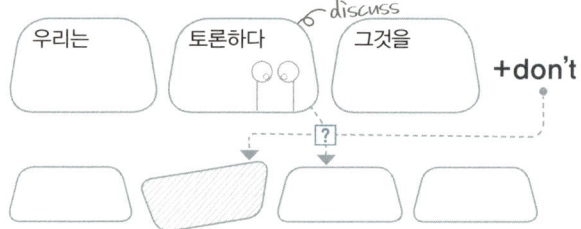

8 우리는 거기에 방문하지 않았어.

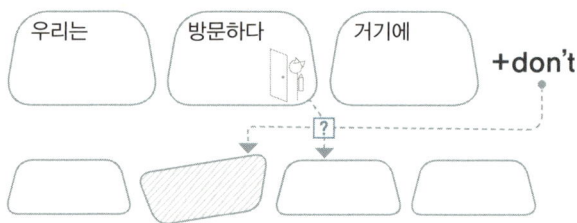

9 우리는 그것을 찾지 않았어.

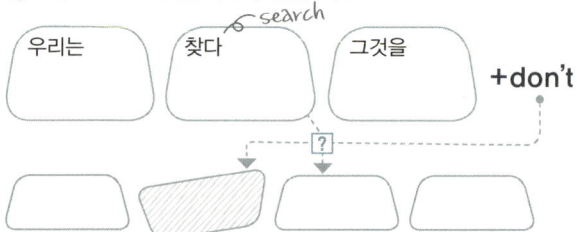

10 그녀는 남자친구와 헤어지지 않았어.

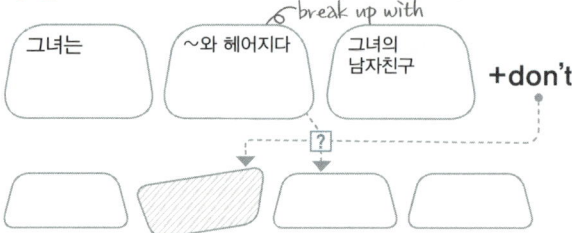

07. We didn't discuss it.
08. We didn't visit there.
09. We didn't search it.
10. She didn't break up with her boyfriend.
11. They didn't say anything.
12. I didn't write a letter to him.
13. She didn't want to see him.

11 그들은 어떠한 말도 하지 않았어.

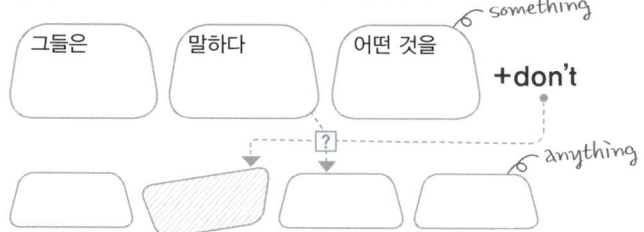

12 나는 그에게 편지를 쓰지 않았어.

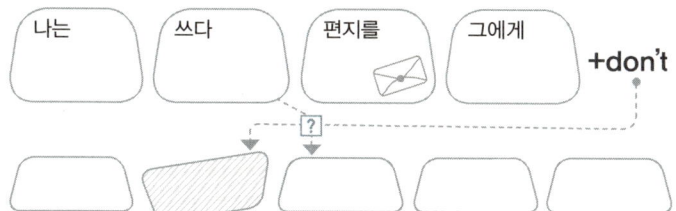

13 그녀는 그를 보고 싶어 하지 않았어.

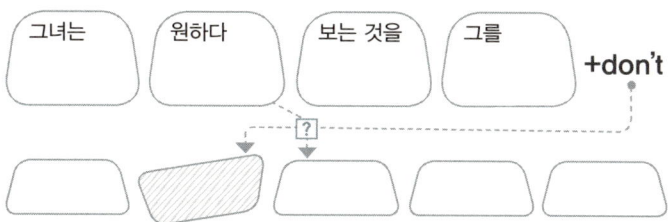

Unit 12 일반동사의 과거형으로 부정문 만들기

14 그녀는 그녀의 계획에 대해 나에게 말하지 않았어.

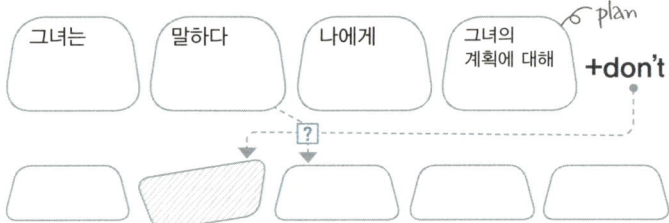

15 그들은 나에게 어떠한 이익도 주지 않았어.

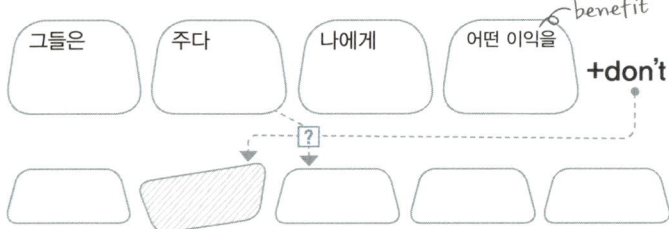

16 그는 나에게 그것을 설명해 주지 않았어.

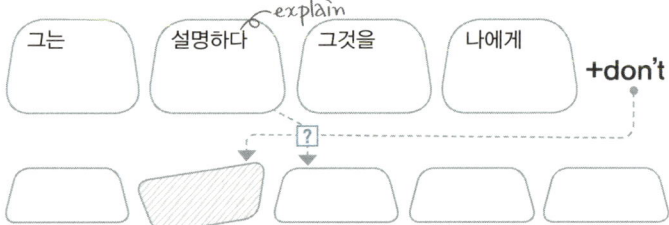

17 그는 나에게 그걸 주지 않았어.

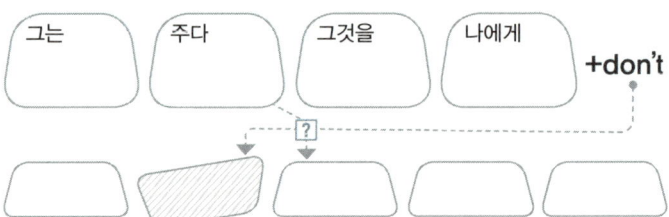

14. She didn't tell me about her plan.
15. They didn't give me any benefit.
16. He didn't explain it to me.
17. He didn't give it to me.
18. He didn't cheat on her.
19. They didn't blame me.
20. She didn't have any reason to do that.

18 그는 그녀를 두고 바람을 피우지 않았어.

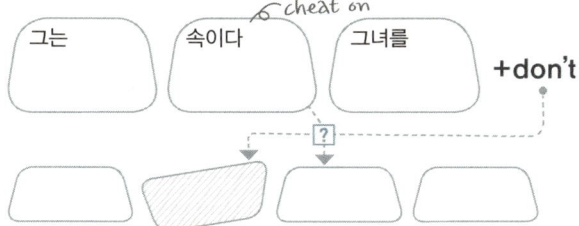

19 그들은 나를 탓하지 않았어.

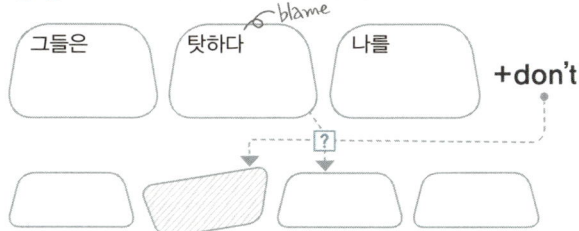

20 그녀는 그것을 할 어떠한 이유도 없었어.

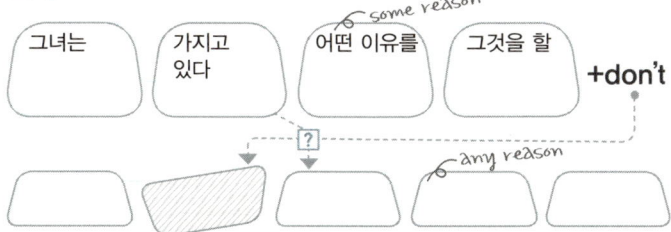

Unit 12 일반동사의 과거형으로 부정문 만들기

21. Didn't you try it?

Sample 그녀는 그와 헤어지지 않았니?

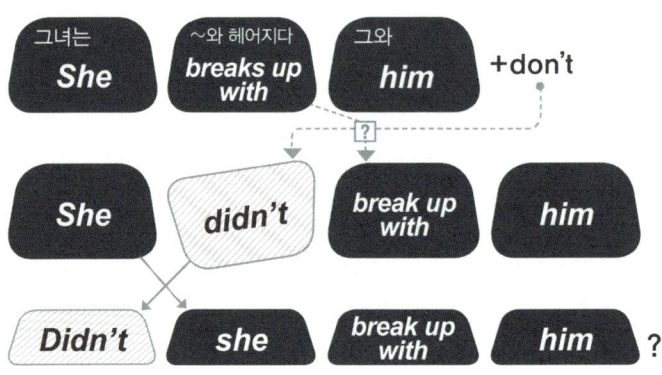

21 너는 그것을 시도해 보지 않았니?

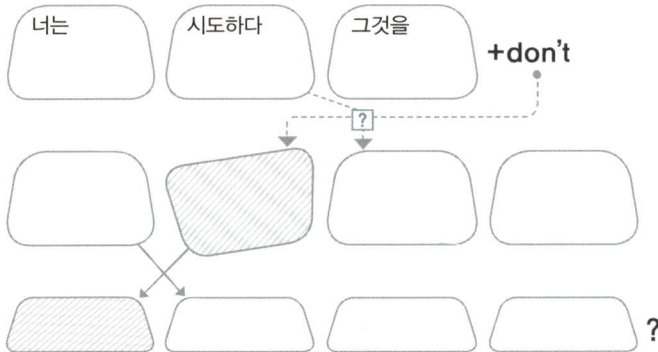

22. Didn't he mention it?
23. Didn't she go back home?

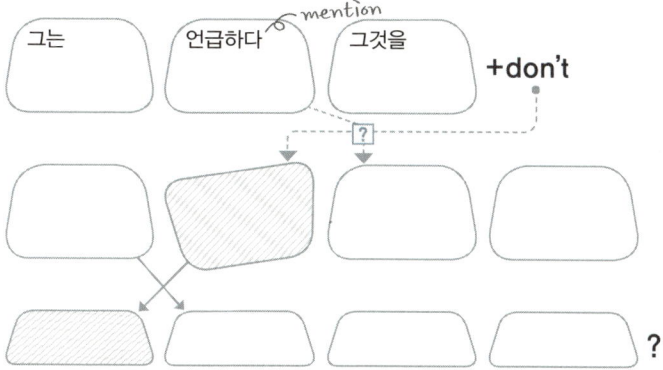

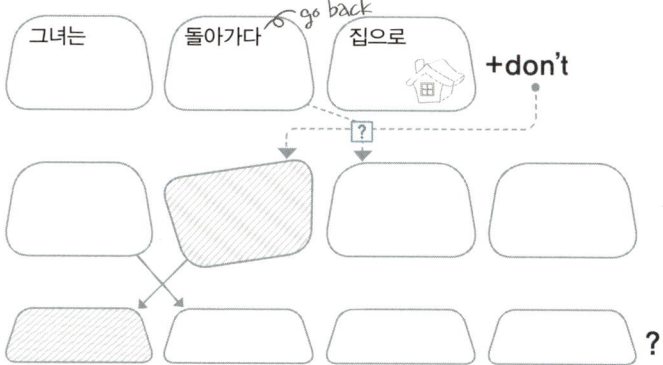

4단계

Unit 12 일반동사의 과거형으로 부정문 만들기

입으로 말하다

24 나는 그 기회를 놓치지 않았어.
나는 | 놓치다 | 그 기회를 (chance) | +did not

25 그녀는 그녀의 헤어스타일을 바꾸지 않았어.
그녀는 | 바꾸다 | 그녀의 헤어스타일을 | +did not

26 그들은 그 프로젝트를 끝내지 않았어.
그들은 | 완료하다 (finish) | 그 프로젝트를 | +did not

27 그는 그것을 언급하지 않았어.
그는 | 언급하다 (mention) | 그것을 | +did not

28 내 아내는 나를 위해 요리해 주지 않았어.
내 아내는 | 요리하다 | 나를 위해 | +did not

29 나는 어제 잠을 안 잤어.
나는 | 잠을 자다 | 어제 | +did not

30 나는 그것을 받지 않았어.
나는 | 받다 (receive) | 그것을 | +did not

31 나는 울지 않았어.
나는 | 울다 | +did not

32 나는 샤워를 하지 않았어.
나는 | 샤워를 하다 (take a shower) | +did not

다섯번 입으로 말하기 ⭐⭐⭐⭐⭐

33 그는 나에게 진실을 말하지 않았어.
[그는] [말하다] [나에게] [진실을] +did not

34 그들은 나에게 방을 제공해 주지 않았어.
[그들은] [제공하다 ~offer] [나에게] [방을] +did not

35 우리는 시끄럽게 하지 않았어.
[우리는] [만들다] [어떤 소음을 ~noise] +did not

36 탐은 집에 머물러 있지 않았어.
[탐은] [머무르다] [집에] +did not

37 너는 살이 빠지지 않았니?
[너는] [살이 빠지다 ~lose one's weight] +did not ?

38 너는 일을 다 끝내지 않았니?
[너는] [끝내다] [너의 일을] +did not ?

39 그녀는 그와 술을 마시지 않았어?
[그녀는] [술을 마시다] [그와 함께] +did not ?

40 너는 최선을 다하지 않았니?
[너는] [최선을 다하다] +did not ?

41 우리는 그 영화를 보지 않았니?
[우리는] [보다 ~watch] [그 영화를] +did not ?

answer

24. 나는 그 기회를 놓치지 않았어. — I didn't miss the chance.

25. 그녀는 그녀의 헤어스타일을 바꾸지 않았어. — She didn't change her hairstyle.

26. 그들은 그 프로젝트를 끝내지 않았어. — They didn't finish the project.

27. 그는 그것을 언급하지 않았어. — He didn't mention it.

28. 내 아내는 나를 위해 요리해 주지 않았어. — My wife didn't cook for me.

29. 나는 어제 잠을 안 잤어. — I didn't sleep yesterday.

30. 나는 그것을 받지 않았어. — I didn't receive it.

31. 나는 울지 않았어. — I didn't cry.

32. 나는 샤워를 하지 않았어. — I didn't take a shower.

33. 그는 나에게 진실을 말하지 않았어. — He didn't tell me the truth.

34. 그들은 나에게 방을 제공해 주지 않았어. — They didn't offer me a room.

35. 우리는 시끄럽게 하지 않았어. — We didn't make any noise.

36. 탐은 집에 머물러 있지 않았어. — Tom didn't stay at home.

37. 너는 살이 빠지지 않았니? — Didn't you lose your weight?

38. 너는 일을 다 끝내지 않았니? — Didn't you finish your work?

39. 그녀는 그와 술을 마시지 않았어? — Didn't she drink with him?

40. 너는 최선을 다하지 않았니? — Didn't you do your best?

41. 우리는 그 영화를 보지 않았니? — Didn't we watch the movie?

Unit 13

현재진행형 문장 만들기

영역식 생각훈련 첫걸음!!

1단계

Unit 13 현재진행형 문장 만들기

목표를 세우다

I am studying.

나는 공부하고 있는 중이야.

나는 ☐ 중이야.

공부하고 있는

일하고 있는

읽고 있는

춤을 추고 있는

걷고 있는

다섯번 입으로 말하기 ✓ ☆ ☆ ☆ ☆

책상에 앉아 공부하고 있는 중입니다. 누군가가 전화를 해서 무엇을 하고 있느냐고 당신에게 물어보네요. 지금 하고 있는 일, 즉 '진행 중인 일'에 대해서 말을 할 때는 '현재진행형'의 문장을 사용하면 됩니다.

I am	studying.
	working.
	reading.
	dancing.
	walking.

2단계

Unit 13 현재진행형 문장 만들기

원리를 이해하다

be동사 뒤에는 **형용사**가 자주 사용됩니다

| I am happy. (난 행복해.)
| I am tall.   (난 키가 커.)
| I am pretty. (난 예뻐.)

동사에 ing를 붙여줘도 **형용사 역할**을 합니다.

walk (걷다..)   : 동사
walking (걷고 있는) : 형용사

eat (먹다..)   : 동사
eating (먹고 있는)   : 형용사

192

따라서 be동사 뒤에 [동사+ing]를 사용할 수 있는데,
이를 **'현재진행형'**이라 부릅니다.

나는 걷고 있는 중이야.

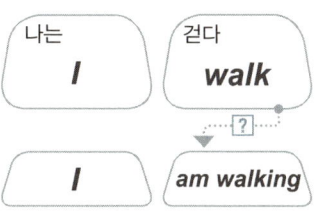

나는 먹고 있는 중이야.

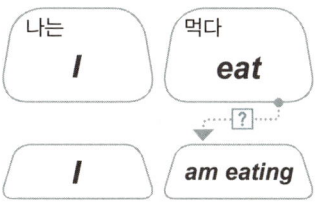

3단계

Unit 13 현재진행형 문장 만들기

손으로 쓰다

Sample 나는 사무실에서 일하고 있는 중이야.

01. She is walking along the river.
02. We are preparing for the presentation.

1 그녀는 강을 따라 걷고 있는 중이야. — along the river

| 그녀는 | 걷다 | 강을 따라 |

2 우리는 발표를 준비하고 있는 중이야. — prepare / presentation

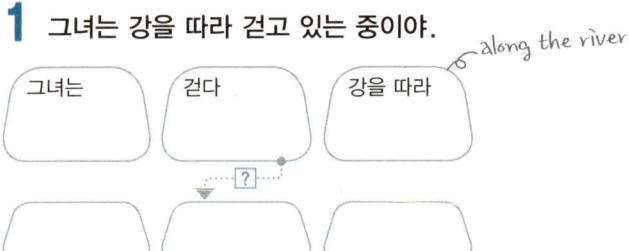

| 우리는 | 준비하다 | 발표를 위해 |

3 그는 거짓말을 하고 있어.

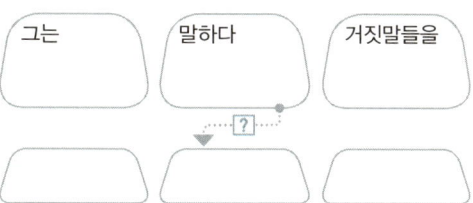

4 그들은 그 이슈를 토론하고 있는 중이야.

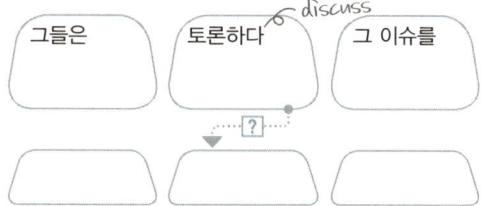

answer

03. He is telling lies.
04. They are discussing the issue.
05. Tom is talking to his wife.
06. She is talking on the phone.

5 탐은 그의 아내에게 말을 하고 있는 중이야.

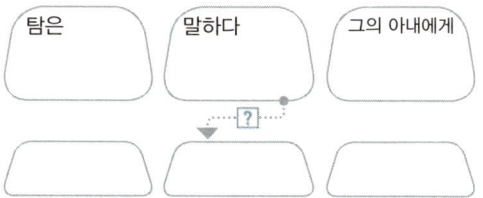

6 그녀는 통화를 하고 있는 중이야.

Unit 13 현재진행형 문장 만들기

7 그는 지금 샤워를 하고 있는 중이야.

8 그들은 체육관에서 운동을 하고 있는 중이야.

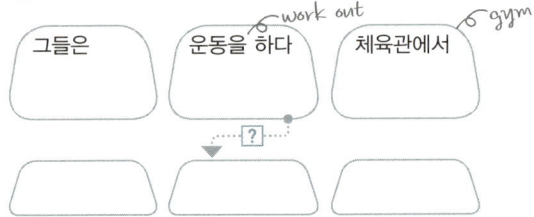

9 그는 식사를 하고 있는 중이야.

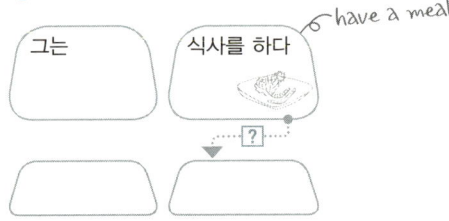

10 그들은 카드게임을 하고 있는 중이야.

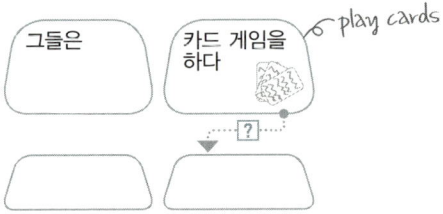

07. He is taking a shower now.
08. They are working out at the gym.
09. He is having a meal.
10. They are playing cards.
11. She is doing the dishes.
12. We are having a great time.
13. She is doing the laundry.

11 그녀는 설거지를 하고 있는 중이야.

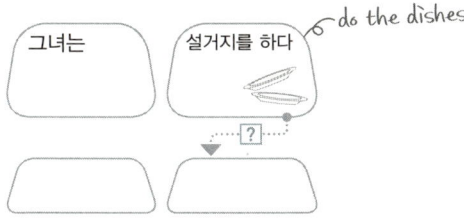

12 우리는 좋은 시간을 보내고 있는 중이야.

13 그녀는 빨래를 하고 있는 중이야.

Unit 13 현재진행형 문장 만들기

14. She is not smoking.

Sample 그들은 잠을 자고 있지 않아.

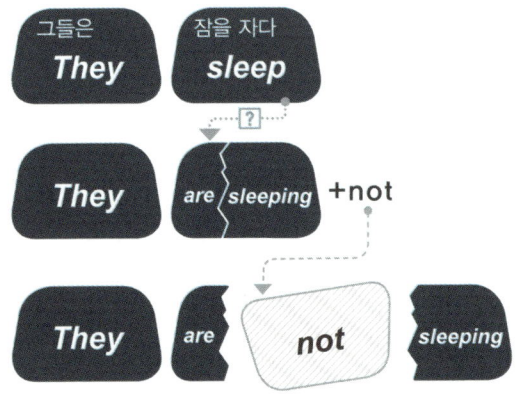

14 그녀는 담배를 피우고 있지 않아.

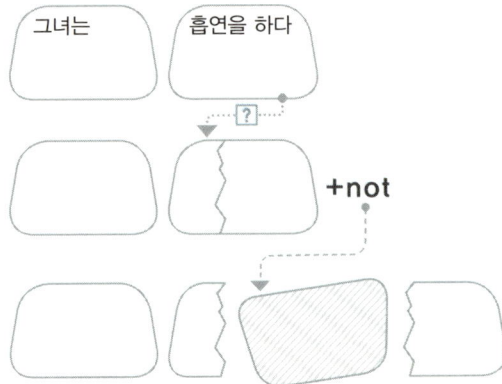

15. He is not talking on the phone.
16. We are not working for you.

15 그는 전화통화를 하고 있지 않아.

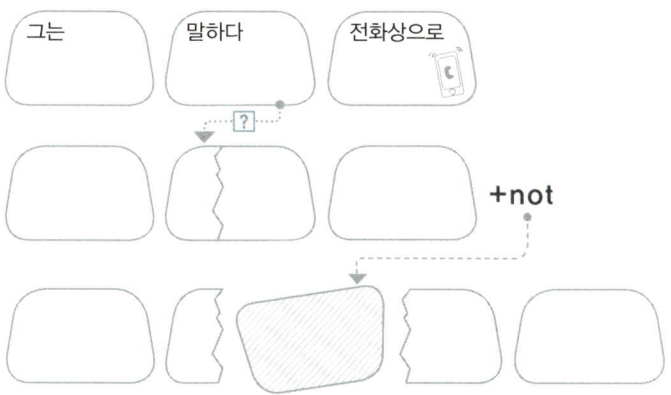

16 우리는 너를 위해 일을 하고 있지 않아.

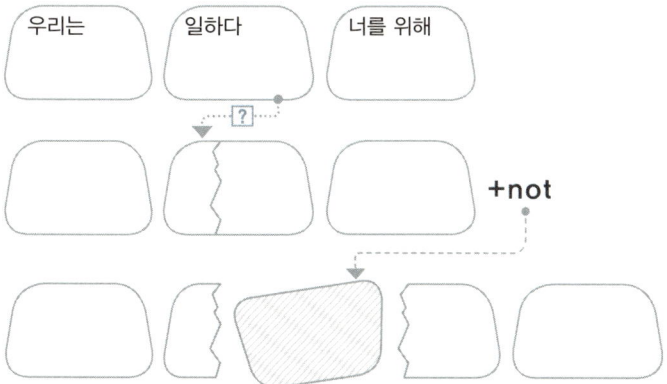

Unit 13 현재진행형 문장 만들기

17. Are they living together?

Sample 그들은 회의 중이야?

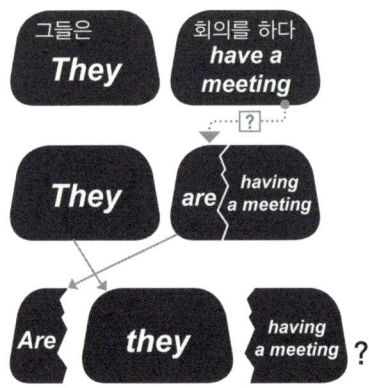

17 그들은 함께 살고 있는 중이야?

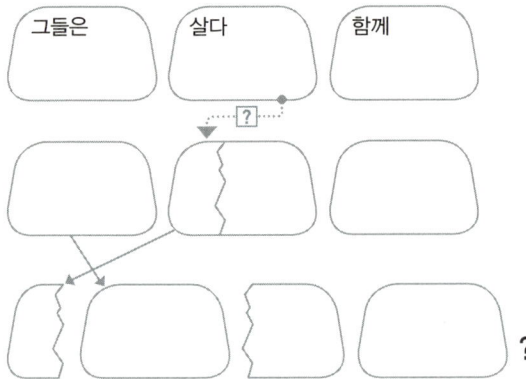

18. Is he calling her?
19. Are you waiting for the bus?

18 그는 그녀에게 전화하고 있니?

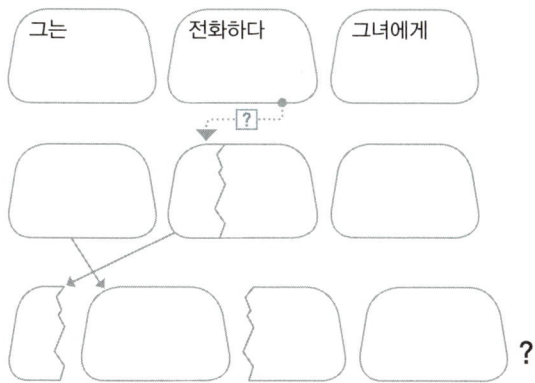

19 너는 버스를 기다리는 중이니?

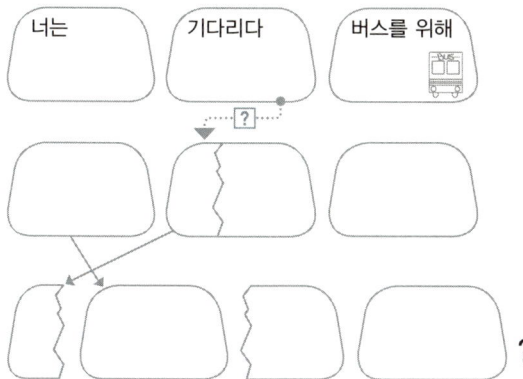

4단계

Unit 13 현재진행형 문장 만들기

입으로 말하다

20 나는 그를 기다리고 있어. | 나는 | 기다리는 중이다 | 그를 위해

21 나는 그에 대해 생각하고 있는 중이야. | 나는 | 생각하는 중이다 | 그에 대해

22 그는 나에게 전화를 하고 있는 중이야. | 그는 | 전화하는 중이다 | 나에게

23 나는 지금 운전을 하고 있는 중이야. | 나는 | 운전하는 중이다 | 지금

24 그는 TV를 보고 있는 중이야. | 그는 | 보고 있다 | TV를

25 나는 집에 돌아가고 있는 중이야. | 나는 | 돌아가는 중이다 (go back) | 집으로

26 나는 나의 여자친구와 데이트를 하고 있는 중이야. | 나는 | 데이트를 하고 있다 (date) | 내 여자 친구와

27 그녀는 방을 청소하고 있어. | 그녀는 | 청소하는 중이다 | 방을

28 그는 운전을 하고 있는 중이야. | 그는 | 운전하는 중이다

다섯번 입으로 말하기

answer

20.	나는 그를 기다리고 있어.	**A** I am waiting for him.
21.	나는 그에 대해 생각하고 있는 중이야.	**A** I am thinking about him.
22.	그는 나에게 전화를 하고 있는 중이야.	**A** He is calling me.
23.	나는 지금 운전을 하고 있는 중이야.	**A** I am driving now.
24.	그는 TV를 보고 있는 중이야.	**A** He is watching TV.
25.	나는 집에 돌아가고 있는 중이야.	**A** I am going back home.
26.	나는 나의 여자친구와 데이트를 하고 있는 중이야.	**A** I am dating with my girlfriend.
27.	그녀는 방을 청소하고 있어.	**A** She is cleaning the room.
28.	그는 운전을 하고 있는 중이야.	**A** He is driving.
29.	나의 남편은 책을 읽고 있는 중이야.	**A** My husband is reading a book.
30.	그녀는 은행에서 일을 하고 있지 않아.	**A** She is not working in a bank.
31.	그는 소파에 앉아 있지 않아.	**A** He is not sitting on the sofa.
32.	우리는 카드게임을 하고 있지 않아.	**A** We are not playing cards.
33.	아기가 울고 있는 중이야?	**A** Is the baby crying?
34.	그는 낮잠을 자고 있어?	**A** Is he taking a nap?
35.	그들은 잘 하고 있니?	**A** Are they doing good?
36.	너는 우리를 따라오고 있는 중이니?	**A** Are you following us?
37.	그는 돈을 많이 벌고 있어?	**A** Is he making a lot of money?

Unit 14

과거진행형 문장 만들기

영어식 생각훈련 첫걸음!!

1단계

Unit 14 과거진행형 문장 만들기

목표를 세우다

She was eating.

그녀는 먹고 있는 중이었어.

그녀는 ☐ 중이었어.

먹고 있는

울고 있는

뛰고 있는

점프하고 있는

그리고 있는

다섯번 입으로 말하기 ✩✩✩✩✩

다른 일을 하느라 친구의 전화를 받지 못했습니다. 나중에 당신에게 물어보는군요. 무엇을 하느라 전화를 받지 못했느냐고요. 과거의 특정한 때에, '그때 무엇을 하고 있는 중이었어'라고 말하고자 할 때는 '현재진행형'의 문장을 과거형으로 바꾸어 주면 됩니다. 그것을 '과거진행형'이라고 하지요.

She was
- eating.
- crying.
- running.
- jumping.
- drawing.

2단계

Unit 14 과거진행형 문장 만들기

원리를 이해하다

현재진행형을 만드는 방법과 똑같은 방법으로 과거진행형도 만들 수 있습니다. 단지 be동사만 과거형으로 사용해주면 됩니다.

나는 걷고 있는 중이었어.

나는 먹고 있는 중이었어.

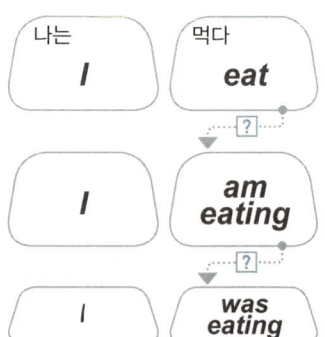

동사에 ing를 붙일 땐 다음과 같은 규칙이 있습니다.

e로 끝나는 동사는 대부분 e를 빼고 ing를 붙여줍니다.

smile

모음 하나와 자음 하나로 끝나는 경우 대부분 자음을 한 번 더 써줍니다.

sit sitting

3단계

Unit 14 과거진행형 문장 만들기

손으로 쓰다

01. The dog was digging a hole.

Sample 나는 너를 생각하던 중이었어.

1 그 개는 구멍을 파던 중이었어.

2 우리는 그의 생일을 축하해주던 중이었어.

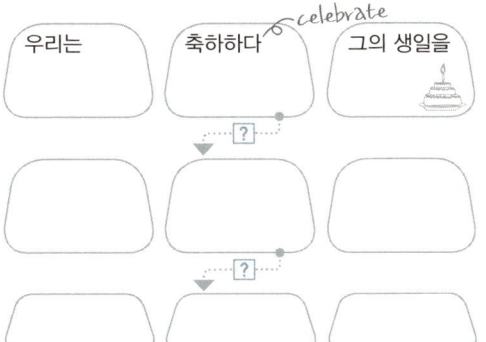

answer

02. We were celebrating his birthday.
03. He was searching on the Internet.
04. I was watching a movie.

3 그는 인터넷 서핑을 하던 중이었어.

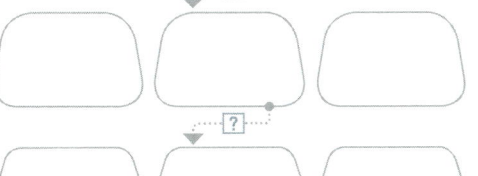

4 나는 영화를 보던 중이었어.

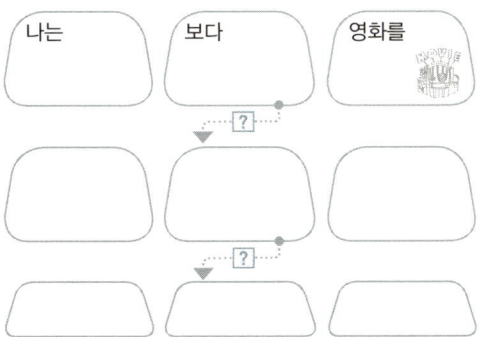

Unit 14 과거진행형 문장 만들기

5 그들은 그들의 고양이를 찾던 중이었어.

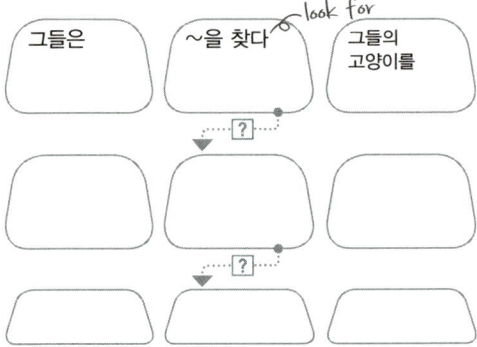

6 그는 자기의 차를 고치던 중이었어.

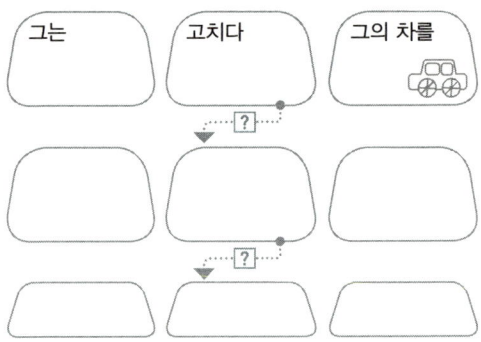

7 그는 세수를 하던 중이었어.

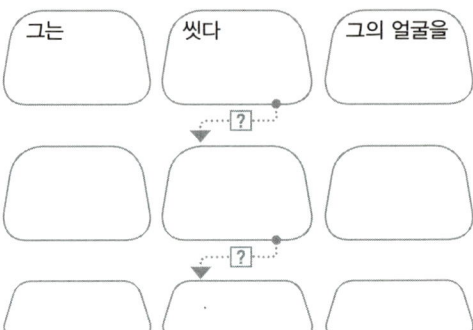

05. They were looking for their cat.
06. He was fixing his car.
07. He was washing his face.
08. She was brushing her teeth.
09. She was bleeding.

8 그녀는 양치질을 하던 중이었어.

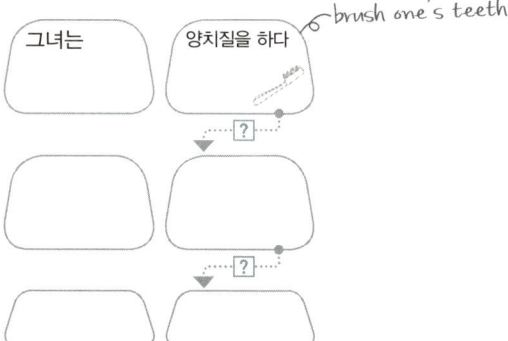

9 그녀는 피를 흘리고 있었어.

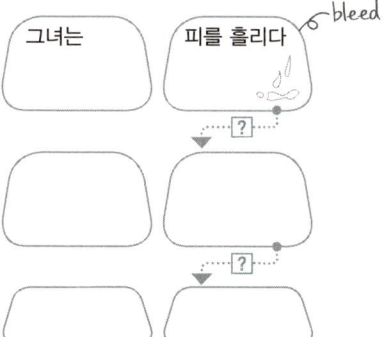

Unit 14 과거진행형 문장 만들기

10 우리는 즐거운 시간을 보내고 있던 중이었어.

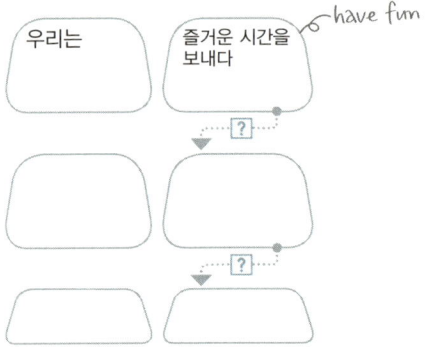

11 나는 궁금해하던 중이었어.

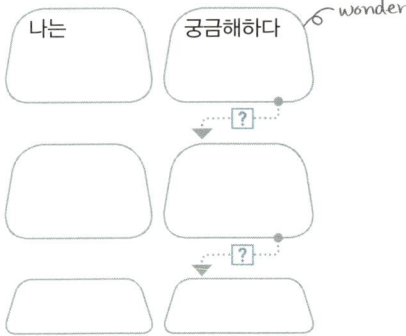

12 나는 너에게 가던 중이었어.

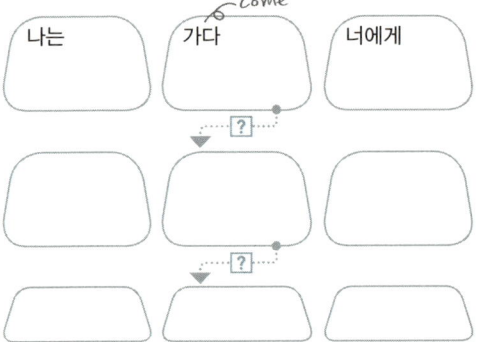

answer
10. We were having fun.
11. I was wondering.
12. I was coming to you.
13. The object was moving fast.
14. They were talking about something.
15. We were solving the problem.

13 그 물체는 빨리 움직이던 중이었어.

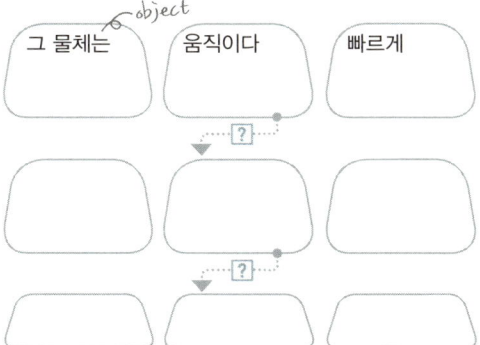

14 그들은 무엇인가에 대해 말하던 중이었어.

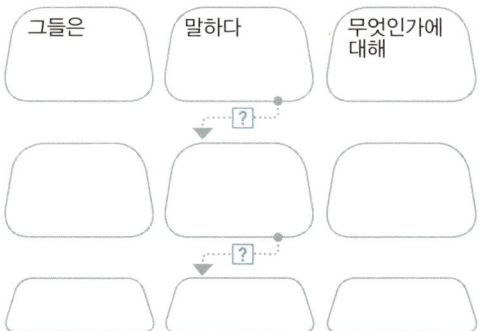

15 우리는 그 문제를 해결하던 중이었어.

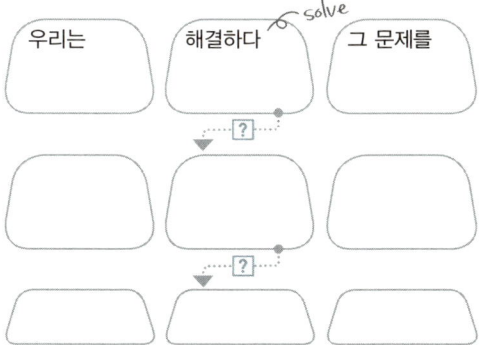

Unit 14 과거진행형 문장 만들기

16. I was not reading a newspaper.

Sample 나는 통화를 하던 게 아니었어.

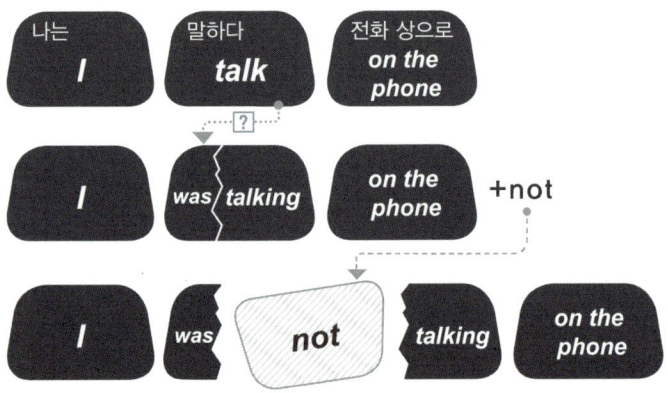

16 나는 신문을 읽고 있던 게 아니었어.

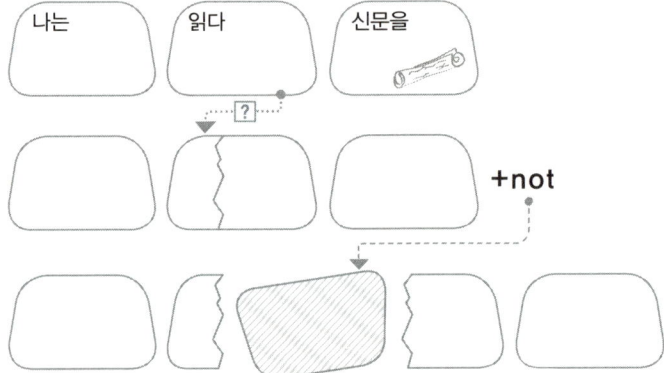

17. We were not playing games.
18. He was not cooking.

17 우리는 게임을 하고 있던 게 아니었어.

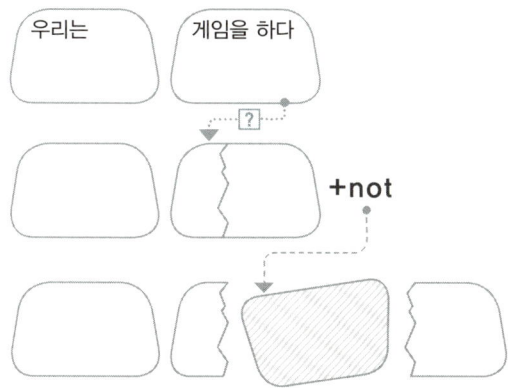

18 그는 요리하고 있던 게 아니었어.

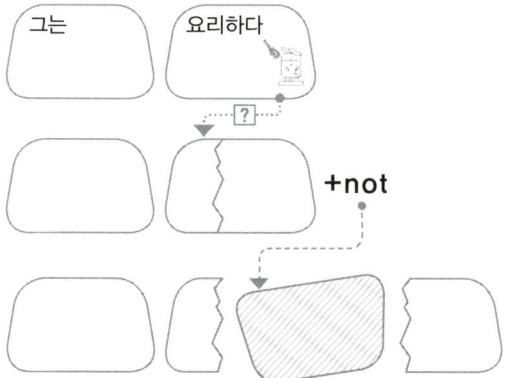

Unit 14 과거진행형 문장 만들기

19. Was she cleaning the room?

Sample 너는 여행을 하던 중이었니?

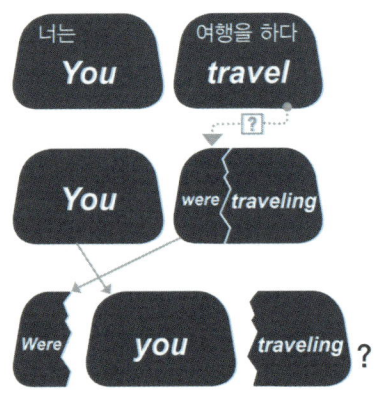

19 그녀가 방을 청소하던 중이었니?

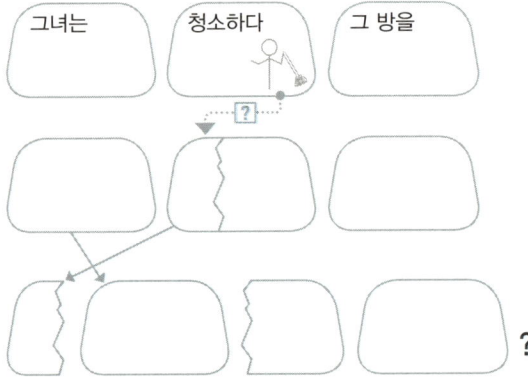

20. Were you watching a movie?
21. Was she shopping there?

20 너는 영화를 보던 중이었니?

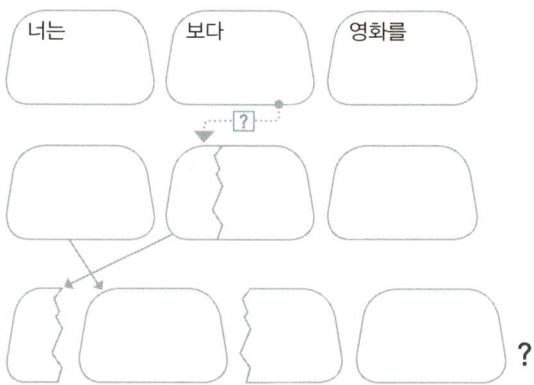

21 그녀는 그곳에서 쇼핑하던 중이었니?

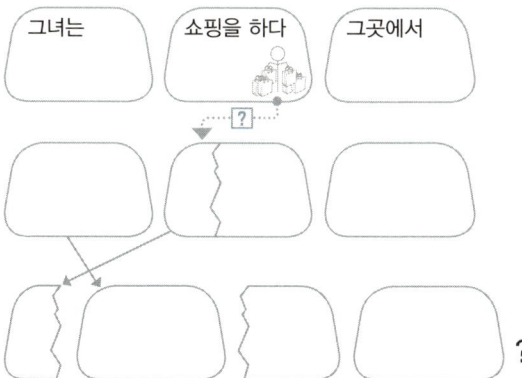

4단계

Unit 14 과거진행형 문장 만들기

입으로 말하다

22 그는 등산하던 중이었어. | 그는 | 오르던 중이었다 (climb) | 그 산을 |

23 그들은 강에서 낚시하던 중이었어. | 그들은 | 낚시하던 중이었다 (fish) | 강에서 |

24 우리는 떠나는 중이었어. | 우리는 | 떠나는 중이었다 |

25 그녀는 그녀의 집에서 자던 중이었어. | 그녀는 | 자던 중이었다 | 그녀의 집에서 |

26 나는 숙제를 하는 중이었어. | 나는 | 하는 중이었다 | 내 숙제를 |

27 그는 저녁을 요리하는 중이었어. | 그는 | 요리하는 중이었다 | 저녁 식사를 |

28 우리는 저녁을 먹던 중이었어. | 우리는 | 저녁을 먹던 중이었다 |

29 그는 나를 위해 기다려 주던 중이었어. | 그는 | 기다리던 중이었다 | 나를 위해 |

30 그들은 침대 밑에 숨어 있던 중이었어. | 그들은 | 숨어있던 중이었다 (hide) | 침대 밑에 |

다섯번 입으로 말하기 ✓☆☆☆☆

31 나는 친구들과 시간을 보내는 중이었어. | 나는 | 시간을 보내는 중이었다 (hang out) | 친구들과 함께 |

32 그들이 문제를 해결하고 있었니? | 그들은 | 해결하던 중이니 (solve) | 그 문제를 | ?

33 그 개는 짖고 있었니? | 그 개는 | 짖던 중이니 (bark) | ?

34 너는 파티를 즐기고 있었니? | 너는 | 즐기던 중이니 | 파티를 | ?

35 그녀는 빨래를 하고 있던 게 아니었어. | 그녀는 | 빨래하던 중이었다 | +not

36 그건 작동하고 있던 게 아니었어. | 그것은 | 작동하던 중이었다 | +not

37 앤디는 맥주를 마시고 있던 게 아니었어. | 앤디는 | 마시던 중이었다 | 맥주를 | +not

38 그는 흡연을 하던 게 아니었어. | 그는 | 흡연하던 중이었다 | +not

39 그들은 TV를 보던게 아니였어. | 그들은 | 보던 중이었다 | TV를 | +not

answer

22. 그는 등산하던 중이었어. 　　He was climbing the mountain.

23. 그들은 강에서 낚시하던 중이었어. 　　They were fishing at the river.

24. 우리는 떠나는 중이었어. 　　We were leaving.

25. 그녀는 그녀의 집에서 자던 중이었어. 　　She was sleeping at her home.

26. 나는 숙제를 하는 중이었어. 　　I was doing my homework.

27. 그는 저녁을 요리하는 중이었어. 　　He was cooking dinner.

28. 우리는 저녁을 먹던 중이었어. 　　We were having dinner.

29. 그는 나를 위해 기다려 주던 중이었어. 　　He was waiting for me.

30. 그들은 침대 밑에 숨어 있던 중이었어. 　　They were hiding under the bed.

31. 나는 친구들과 시간을 보내는 중이었어. 　　I was hanging out with my friends.

32. 그들이 문제를 해결하고 있었니? 　　Were they solving the problem?

33. 그 개는 짖고 있었니? 　　Was the dog barking?

34. 너는 파티를 즐기고 있었니? 　　Were you enjoying the party?

35. 그녀는 빨래를 하고 있던 게 아니었어. 　　She was not doing the laundry.

36. 그건 작동하고 있던 게 아니었어. 　　It was not working.

37. 앤디는 맥주를 마시고 있던 게 아니었어. 　　Andy was not drinking beer.

38. 그는 흡연을 하던 게 아니었어. 　　He was not smoking.

39. 그들은 TV를 보던게 아니였어. 　　They were not watching TV.

1단계

Unit 15 명령문 만들기

목표를 세우다

Don't go.
가지 마.

☐ 하지마.

가다
뛰다
마시다
그것을 하다
나를 귀찮게 하다

다섯번 입으로 말하기 ✓ ☆ ☆ ☆ ☆ ☆

다른 사람에게 어떤 일을 시키려고 합니다. 가령, 시끄럽게 떠들고 있는 동생에게 조용히 좀 하라고 말을 해야겠네요. 이번에는 그처럼 '~을 해' 혹은 '~을 하지 마'라는 식의 의사를 전달하는 '명령문'을 만드는 방법에 대해서 배워보겠습니다.

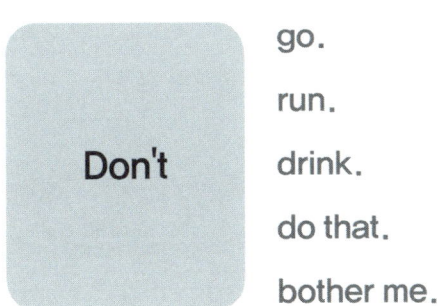

Don't
go.
run.
drink.
do that.
bother me.

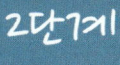

2단계

Unit 15 명령문 만들기
원리를 이해하다

명령문에서는 주어를 생략해요.
따라서 문장은 동사로 시작하겠죠?

Go!
Start!
Call me!

명령문에는 한 가지 더 주의사항이 있어요. 동사의 원형을
사용해야 한다는 거예요.

| Be quiet!   (조용히 해!)
| Be careful! (조심해!)

Sit!
Jump!

let

let은 '시키다'라는 의미의 동사입니다.

▎**Let me go.** (나 가게 해줘.)

let's

let's는 let us의 줄임말로, '우리 함께 하자'라는 의미의 명령문을 만들 때 사용됩니다.

▎**Let's go.** (우리 함께 가자.)

3단계

Unit 15 명령문 만들기

손으로 쓰다

Sample 문을 닫아.

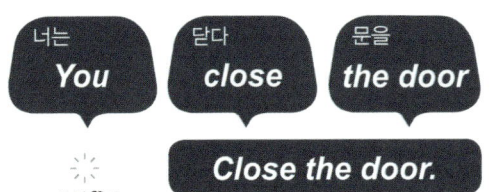

answer
01. Wash your hands.
02. Open the window.
03. Come here.

1 손을 씻어.

2 창문을 열어.

3 여기로 와.

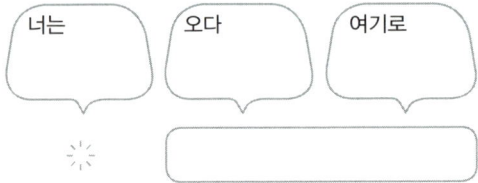

04. Turn off the light.
05. Tell me your secret.
06. Work out regularly.
07. Go back to your seat.

4 불을 꺼 줘.

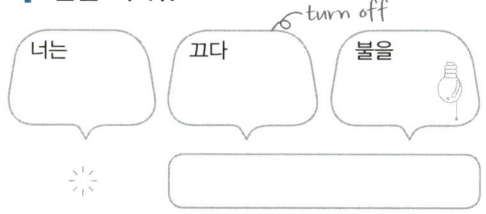

5 네 비밀을 말해줘.

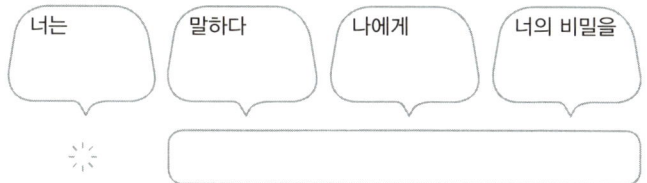

6 규칙적으로 운동을 해.

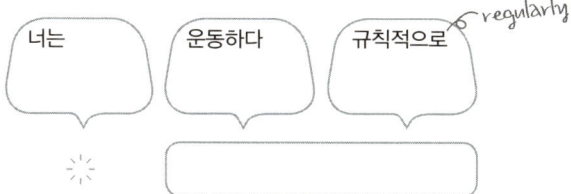

7 네 자리로 돌아가.

Unit 15 명령문 만들기

Sample 내 탓하지 마.

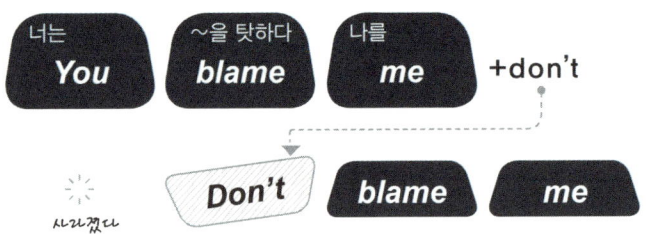

8 목소리를 높이지 마.

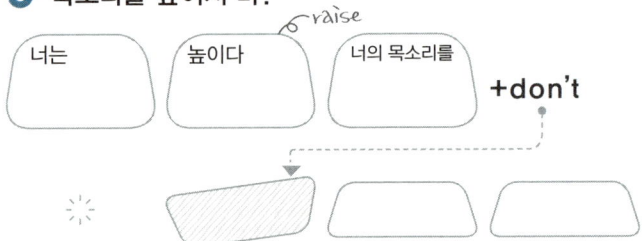

9 늦게 일어나지 마.

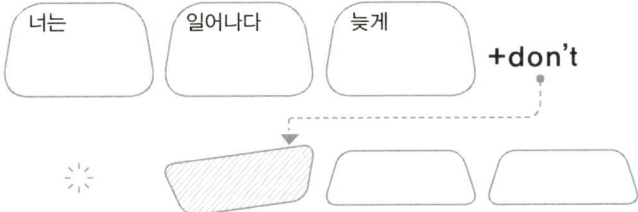

10 그것을 잊지 마.

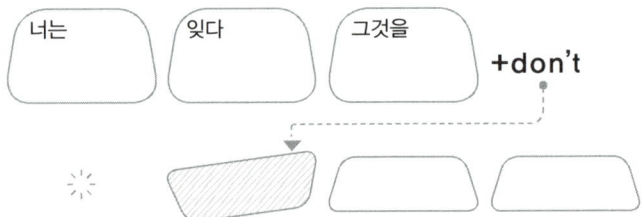

08. Don't raise your voice.
09. Don't get up late.
10. Don't forget it.
11. Don't worry about it.
12. Don't spoil your child.
13. Don't give up.

11 그것에 대해선 걱정하지 마.

너는 / 걱정하다 / 그것에 대해 +don't

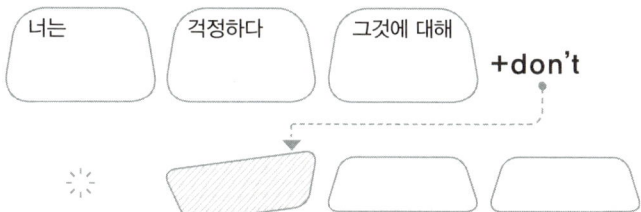

12 너의 아이를 망치지 마.

너는 / 망치다 (spoil) / 너의 아이를 +don't

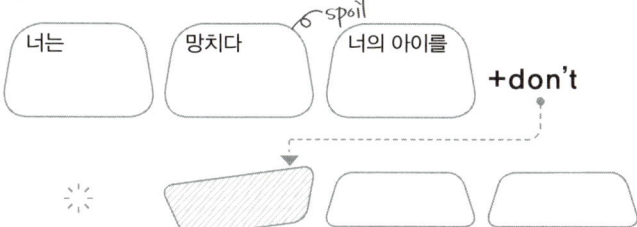

13 포기하지 마.

너는 / 포기하다 +don't

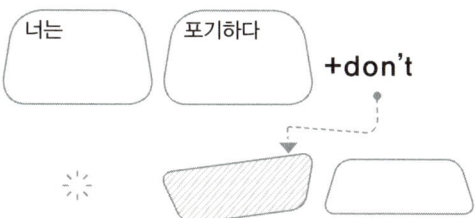

Unit 15 명령문 만들기

Sample 조용히 해 줘.

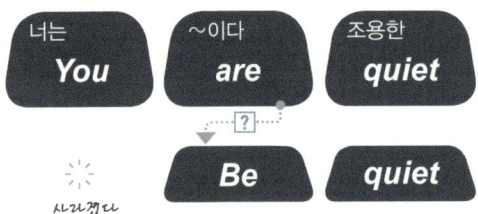

14 조심해.

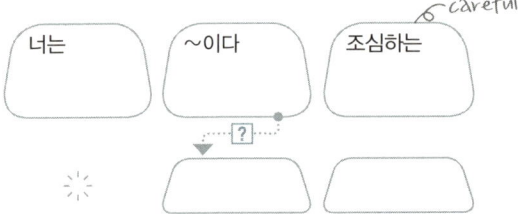

15 강해져.

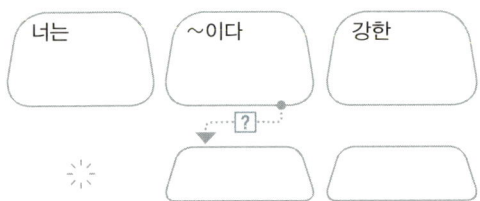

16 부지런해져.

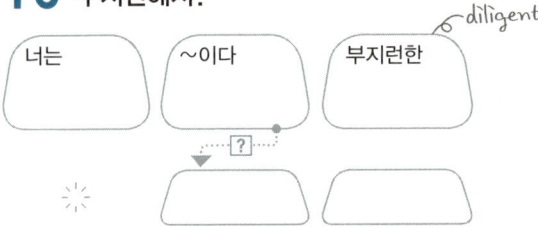

14. Be careful.
15. Be strong.
16. Be diligent.

answer

17. Be good. / Be nice.
18. Be there.
19. Be on time.
20. Be patient.

17 착하게 굴어.

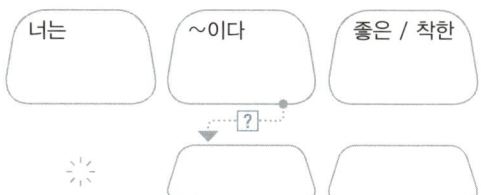

18 그곳에 있어.

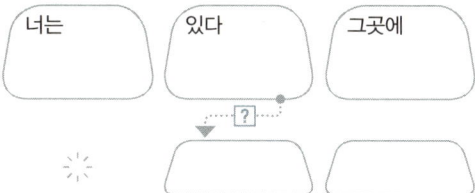

19 제 시간에 와.

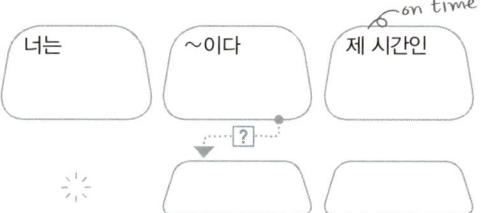

20 인내심을 가져.

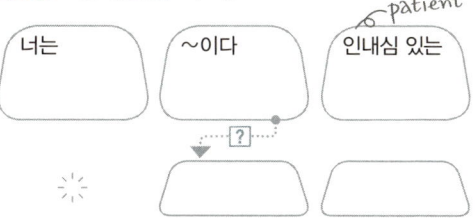

Unit 15 명령문 만들기

Sample 늦지 마.

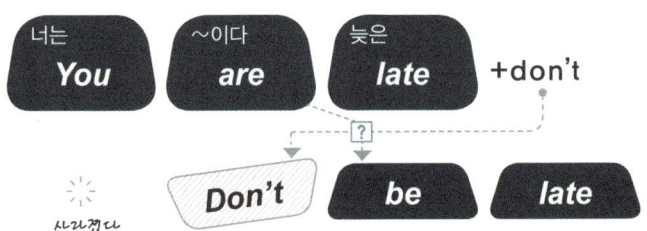

21 시끄럽게 굴지 마.

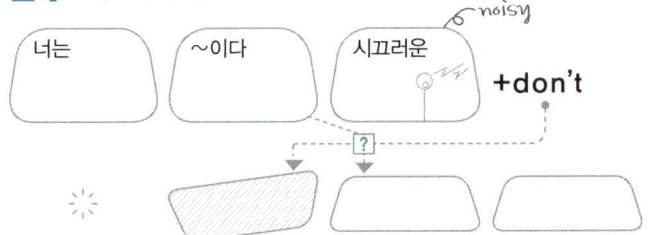

22 부끄러워하지 마.

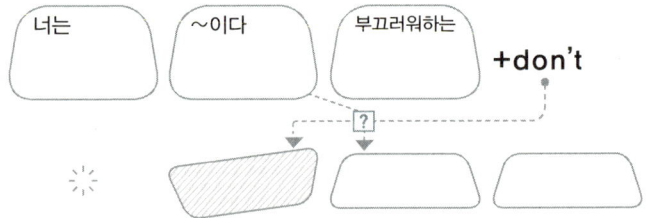

23 긴장하지 마.

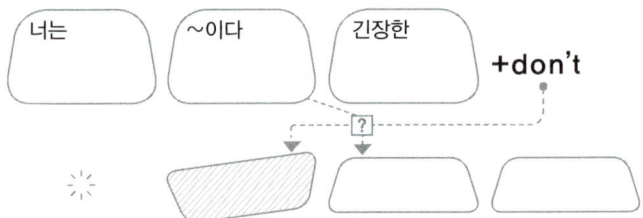

21. Don't be noisy.
22. Don't be shy.
23. Don't be nervous.
24. Don't be lazy.
25. Don't be silly.
26. Don't be mad at me.

24 게을러지지 마.

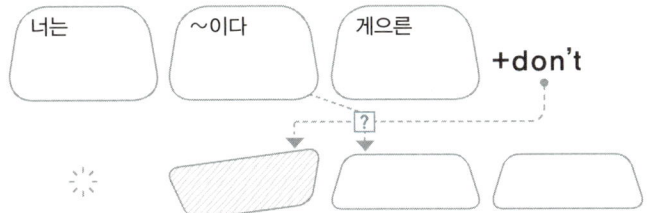

25 어리석게 굴지 마.

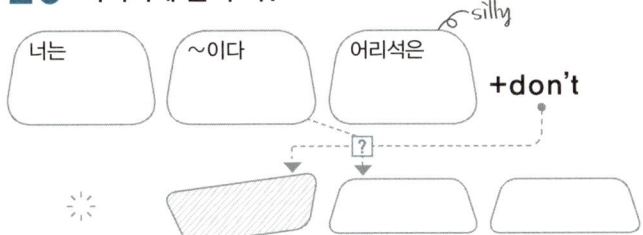

26 나에게 화내지 마.

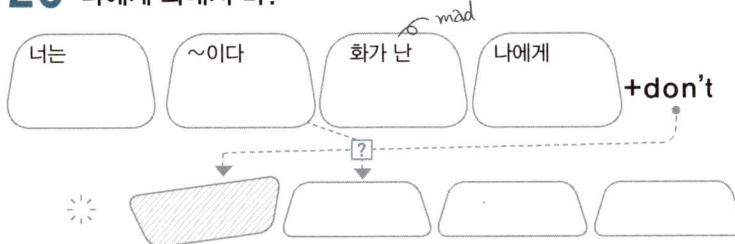

Unit 15 명령문 만들기

Sample 먹자.

27 그것을 토론하자.

28 그것을 시도해 보자.

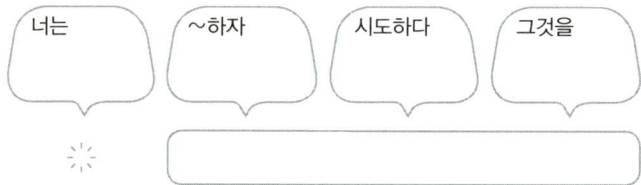

29 금연하자.

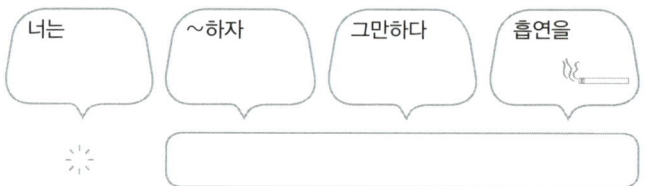

27. Let's discuss it.
28. Let's try it.
29. Let's stop smoking.
30. Let's think about it.
31. Let's attend the conference.
32. Let's go there.

30 그것에 대해 생각해 보자.

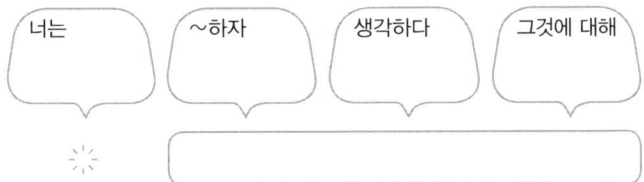

| 너는 | ~하자 | 생각하다 | 그것에 대해 |

31 회의에 참석하자.

attend — the conference

| 너는 | ~하자 | 참석하다 | 회의에 |

32 거기에 가자.

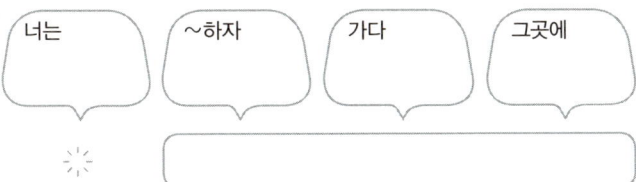

| 너는 | ~하자 | 가다 | 그곳에 |

Unit 15 명령문 만들기

Sample 시간을 낭비하지 말자.

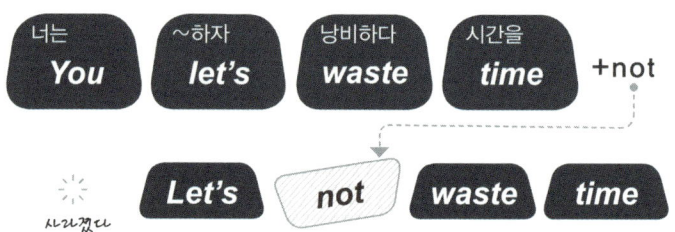

33 서로 보지 말자.

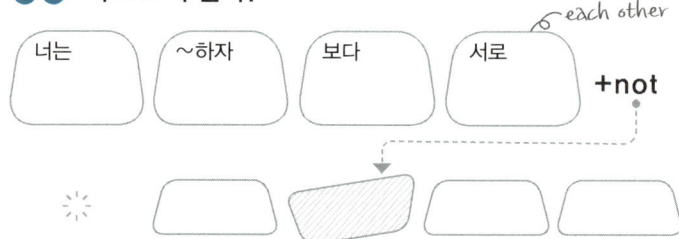

34 그에게 강요하지 말자.

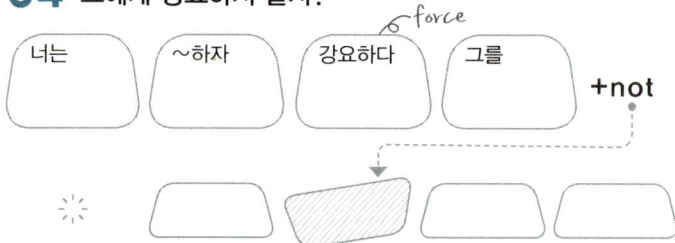

35 오늘은 술을 마시지 말자.

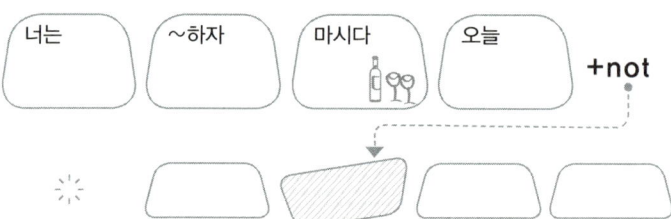

33. Let's not see each other.
34. Let's not force him.
35. Let's not drink today.
36. Let's not think about it.
37. Let's not forget him.
38. Let's not join them.

36 그것에 대해선 생각하지 말자.

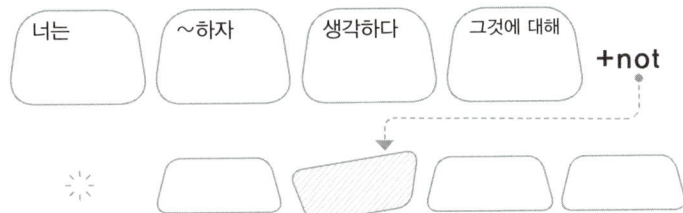

37 그를 잊지 말자.

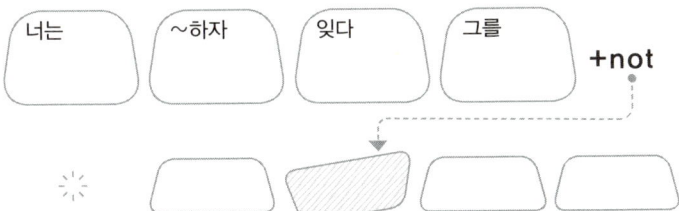

38 그들에게 합류하지 말자.

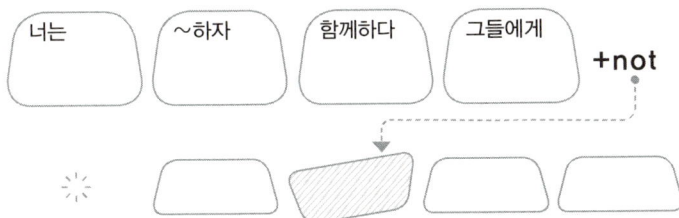

4단계

Unit 15 명령문 만들기

입으로 말하다

39	곧장 가.	가다	곧장
40	자리에 앉아.	가지다	자리를 (seat)
41	날 놀리지 마.	놀리다 (tease)	나를	+don't
42	그것을 언급하지 마. / 별 말씀을요.	언급하다	그것을	+don't
43	날 실망시키지 마.	나를 실망시키다 (let me down)	+don't
44	그것을 만지지 마.	만지다	그것을	+don't
45	긍정적이여 져.	~이다	긍정적인 (positive)
46	자부심을 가져.	~이다	자랑스러워하는 (proud of)	너 자신을
47	그것에 대해 준비해.	~이다	준비하는	그것을 위해

다섯번 입으로 말하기

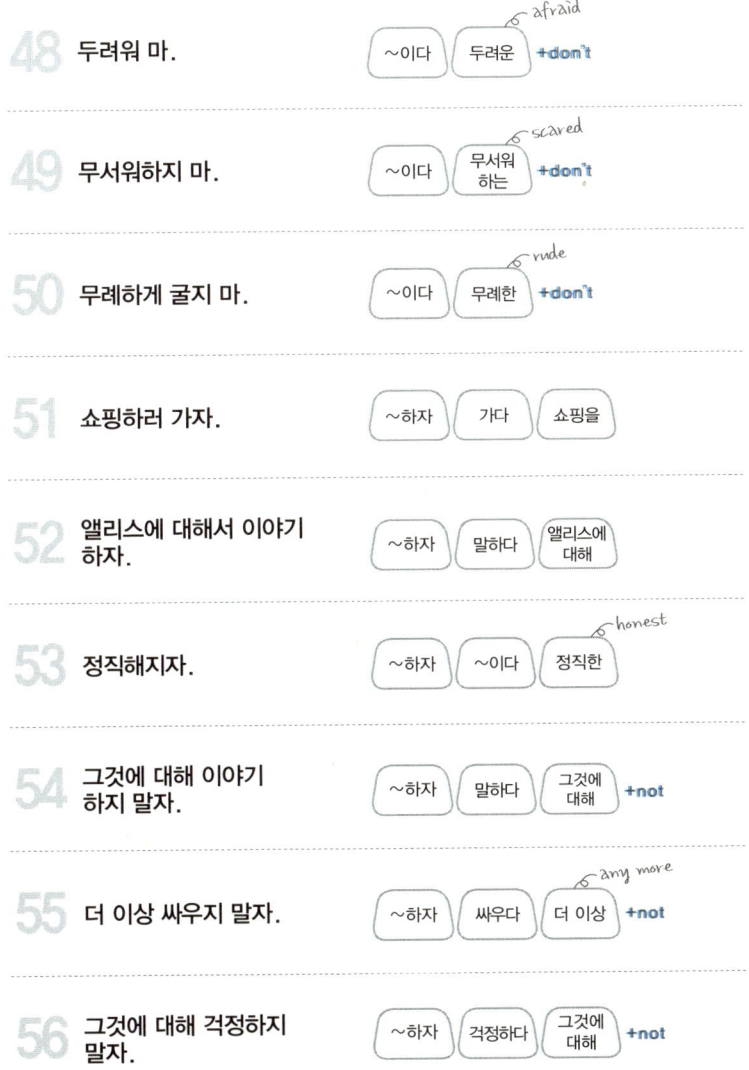

48 두려워 마.

49 무서워하지 마.

50 무례하게 굴지 마.

51 쇼핑하러 가자.

52 앨리스에 대해서 이야기하자.

53 정직해지자.

54 그것에 대해 이야기하지 말자.

55 더 이상 싸우지 말자.

56 그것에 대해 걱정하지 말자.

answer

39. 곧장 가. — **A** Go straight.

40. 자리에 앉아. — **A** Have a seat.

41. 날 놀리지 마. — **A** Don't tease me.

42. 그것을 언급하지 마. / 별 말씀을요. — **A** Don't mention it.

43. 날 실망시키지 마. — **A** Don't let me down.

44. 그것을 만지지 마. — **A** Don't touch it.

45. 긍정적이여 져. — **A** Be positive.

46. 자부심을 가져. — **A** Be proud of yourself.

47. 그것에 대해 준비해. — **A** Be ready for it.

48. 두려워 마. — **A** Don't be afraid.

49. 무서워하지 마. — **A** Don't be scared.

50. 무례하게 굴지 마. — **A** Don't be rude.

51. 쇼핑하러 가자. — **A** Let's go shopping.

52. 앨리스에 대해서 이야기하자. — **A** Let's talk about Alice.

53. 정직해지자. — **A** Let's be honest.

54. 그것에 대해 이야기하지 말자. — **A** Let's not talk about it.

55. 더 이상 싸우지 말자. — **A** Let's not fight any more.

56. 그것에 대해 걱정하지 말자. — **A** Let's not worry about it.